Initiatives théologiques en Afrique

Solomon ANDRIA

Initiatives théologiques en Afrique

Solomon ANDRIA

Publié par LIVRESHIPPO

- Centre de Publications Évangéliques, 08 B.P. 900 Abidjan 08, Côte d'Ivoire
- Presses Bibliques Africaines, 03 B.P. 345 Cotonou, Bénin
- Éditions CLE, B.P. 1501 Yaoundé, Cameroun
- Excelsis Diffusions 385, Chemin du Clos 26450 Chanois, France

Couverture : projectluz.com
Composition : CPE
Impression : Gutenberg Press Ltd, Malta

1re édition - 1re impression
Dépôt légal : N° 8629 du 18/04/2016, Bibliothèque Nationale
                du Bénin, 2e trimestre.
ISBN : 978-99919-2-202-7

TABLE DES MATIÈRES

Préface

La louange et l'honneur reviennent à Dieu, le Père de notre Seigneur Jésus-Christ, qui a béni l'Église en Afrique, de toute bénédiction spirituelle dans les lieux célestes (Ep 1.3).

Dieu nous a accordé une grâce que cet ouvrage soit la résultante de l'action de la plume du Dr Solomon Andria, Africain authentique, chrétien convaincu, théologien averti et missiologue passionné, qui a choisi de vivre sa mission au quotidien, ce qui l'installe dans le confort de la pensée biblique et théologique.

Ce livre, « Initiatives théologiques en Afrique », interpelle l'Afrique et les églises d'Afrique à lire et à relire leur théologie qui détermine leurs relations avec Dieu, avec elles-mêmes et avec le monde. C'est la raison pour laquelle l'on s'apercevra aussitôt que la plume de l'auteur de l'ouvrage est une plume d'abord réconciliante, puisqu'elle établit la justice entre théologie et mission ; puis consolatrice et rassurante, puisqu'elle revalorise l'Africain en l'arrachant du chemin de l'afro-pessimisme ; et enfin responsabilisante, puisque nul ne devrait dire le « déjà-dit de Dieu » sans s'aimer et aimer comme le « déjà aimé de Dieu ». Tout ceci explique le sens pédagogique aiguisé de l'auteur qui reconnaît la lutte des églises d'Afrique pour un retour au sacré. Mais en même temps, il signale avec raison que ce retour s'exécute dans le plus grand désordre, et dans l'imaginaire, puisque le peuple se trouve sans théologie. Par conséquent, beaucoup d'églises font dire à Dieu ce qu'elles veulent qu'Il dise, au moment où Dieu a déjà dit.

Voilà pourquoi, selon l'auteur, nos églises en Afrique ont besoin d'une théologie réaliste, d'une théologie profondément biblique et réellement africaine, au lieu d'une théologie générique. Puisqu'en réalité la foi est d'une part un don de Dieu, et d'autre part une réponse de l'homme à ce don, la théologie se présente comme partie intégrale de cette réponse humaine. Le refus de reconnaître cette donnée a poussé plusieurs « chrétiens » à adopter un discours incohérent par rapport à la théologie. L'auteur lance une invitation au changement de discours dans un monde en changement. Mais non seulement l'Afrique « croyante » devra changer de discours, mais elle devra surtout changer de concept ou d'attitude face à la théologie vue par beaucoup comme n'ayant rien en commun avec le spirituel. L'auteur, sans hésitation ni complexe, martèle fort que la théologie est hautement intellectuelle et profondément spirituelle. Et, comme disait l'autre, la théologie est une poursuite de la compréhension, un processus de pensée sur la vie à la lumière de la foi, processus dans lequel les chrétiens s'engagent à cause de leur appel.

Il est impossible de lire cet ouvrage sans aimer la haute réflexion théologique, et sans prendre un engagement pour une profonde vie spirituelle. C'est la raison pour laquelle je me dois de recommander sa lecture à tous ceux qui ont le souci de vivre véritablement leur foi dans un monde comme le nôtre. Et, la nature didactique de l'ouvrage, s'ajoutant à son caractère africain, me poussent à le recommander vivement à toutes nos structures d'enseignement biblique et théologique sur le continent Africain. Sa lecture et son étude provoqueront, sans doute, une positive révolution dans nos divers concepts de la théologie et du théologien. Et sans contredit, nos églises s'épanouiront dans l'exercice de leur mission ici sur la terre.

Accueillons donc avec joie et reconnaissance ce joyau et cet outil académique que le Seigneur a jugé bon de mettre à notre disposition pour nous encourager à LE penser et à LE vivre d'une manière conforme à sa révélation.

Isaac Keita
Doyen de la FATEAC
Promu à la gloire céleste le 25 janvier 2012

Introduction

« **N**ous sommes dans un monde qui change. » Tel est le leitmotiv de la société depuis deux à trois décennies. Ce changement s'avère beaucoup plus important qu'on ne le pensait. Il touche tous les domaines de la vie, toutes les couches sociales et toutes les cultures. La mondialisation apparaît comme le plus grand agent de ce changement. Elle est soutenue par la révolution de la communication qui permet à tous d'avoir accès à tout en tout lieu et à tout moment, sans restriction aucune.

Quelques signes caractérisent ce changement. Nous en citons deux : la crise de la pensée et le retour du sacré. Aujourd'hui, très peu d'effort de réflexion est nécessaire pour obtenir ce que l'on veut. Tout besoin peut être satisfait dans l'immédiat, puisque tout est mis à la disposition de chacun, pourvu qu'on ait l'argent ! On comprend alors aisément pourquoi aujourd'hui la réflexion n'est plus une exigence pour mener une vie de « bonheur ».

Le retour du sacré apparaît comme un autre signe non moins important du changement. La prolifération des groupes religieux de tous genres en témoigne. Les religions orientales envahissent les sociétés occidentales et africaines. De nouvelles dénominations chrétiennes naissent. Des mouvements appelés communément ministères poussent comme des champignons dans les grandes villes africaines. Ils mettent l'accent sur le bonheur ici-bas disponible pour tous. De leur côté, les églises indépendantes africaines continuent de croître à un rythme impressionnant ; elles recrutent leurs membres dans toutes les couches sociales. Ainsi, l'idée selon laquelle ces églises n'intéressaient que les économiquement faibles ou les personnes en marge de la civilisation est battue en brèche. De grandes personnalités et des célébrités témoignent publiquement de leur foi ou de leur engagement dans ces religions ou mouvements, par les moyens des médias. Ces exemples donnent raison à André Malraux qui disait dans les années 1960 qu'au XXIe siècle le monde sera religieux ou ne sera pas[1]. Une série de questions se posent alors : Y a-t-il un retour au Moyen Âge où le religieux était au centre de la vie et dominait tous les domaines de l'existence ? Les Temps modernes inaugurés au XVIe siècle avec la Renaissance européenne sont-ils révolus ? La raison cartésienne comme outil décisif de la vie moderne cède-t-elle le pas à l'émotion africaine, pour emprunter les termes de la fameuse citation de Léopold Sédar Senghor ? Il y a dans tous les cas un changement de paradigme. Le monde entre dans une nouvelle ère.

La société africaine est de plein pied dans la mondialisation. Elle n'a pas le choix. Elle partage avec le monde entier les bienfaits et les méfaits de ce grand mouvement. Mais les méfaits seront plus nombreux et destructeurs si elle ne la gère pas avec sérénité et la tête froide. La loi de la nature veut que si l'Afrique n'agit pas dans la mondialisation comme un vrai partenaire, elle la subisse. Son économie, sa vie sociale et surtout sa vie religieuse en feront les frais.

Qu'est-ce à dire ? Le changement de paradigme auquel l'Église en Afrique assiste aujourd'hui doit être perçu comme une occasion ou une grâce « spéciale » d'agir d'une manière appropriée et avec pertinence pour qu'elle remplisse fidèlement le mandat que Dieu lui confie : « de toutes les nations faites des disciples » (Mt 28.19s). Autrement, elle risque de tourner en rond ou de baisser les bras face aux grands défis du monde d'aujourd'hui, et surtout de l'Afrique. En 1976, à l'Assemblée Pan Africaine des Responsables Chrétiens, appelée communément PACLA, l'évangéliste congolais Makanzu Mavumilusa disait dans sa prière à l'ouverture : « L'Afrique saigne (. . .) Seigneur, arrête ce torrent de larmes et de sang qui ravage l'Afrique ». Mais l'Église n'appartient pas aux hommes, elle est de Dieu. Le Seigneur fera en sorte qu'elle réussisse : « La Puissance de la mort n'aura pas de force contre elle » (Mt 16.18).

Il convient de dire que la réflexion apparaît comme le premier défi de l'Église en Afrique aujourd'hui. L'Église ne pourra pas relever les défis extérieurs, comme ceux qui sont liés à la mondialisation si elle n'entre

---

[1] En fait, la citation originale était « Le XXIe siècle sera mystique ou ne sera pas » in Michaël de Saint Cheron, *Malraux* : *La recherche de l'absolu*, Paris, La Martinière, 2004, p. 20-21.

pas dans la culture de la réflexion. Cette culture est une exigence du Seigneur lui-même qui dit d'aimer Dieu de toute sa pensée (Mt 22.37). Le Seigneur signifie par-là que toute la pensée doit être rendue captive pour Christ. Elle doit produire des actes qui le glorifient. En d'autres termes, tout acte du chrétien et de l'Église doit être le fruit d'une réflexion qui repose sur la pensée de Dieu. Or réfléchir à la lumière de la pensée de Dieu c'est « théologuer » ou faire de la théologie. Il s'agit donc pour l'Église de Dieu en Afrique de théologuer sainement et *saintement* dans le contexte africain en vue d'un agir nouveau pour que davantage d'Africains rencontrent Jésus-Christ et craignent Dieu tout au long de leurs vies ici-bas. Les Réformateurs interpellent l'Église en ces termes : « Église de la Réforme, réforme-toi ! ».

Première partie

L'Afrique et la théologie

Chapitre I

Réalités africaines

1. Conscience et faits

Deux faits historiques importants, que l'on pourrait aussi appelés épisodes dans l'histoire, marquent la conscience de l'Africain. Il s'agit de l'esclavage et de la colonisation. Ces deux épisodes plus ou moins longs ne peuvent être ignorés dans le cadre de la théologie, tant leurs traces et séquelles marquent l'être de l'Africain jusque dans son for intérieur. La tâche de la théologie ne consiste pas à s'attarder sur ces faits, si tragiques soient-ils, pour incriminer les auteurs de ces actes. Elle consiste plutôt à identifier les incidences de ces faits sur la vie sociale et religieuse des Africains, des chrétiens en particulier, et surtout de les transcender.

La dépendance des théologiens africains à l'égard de la théologie du Nord est l'une des incidences qu'il faut dévoiler. C'est une dépendance dans la réflexion pour des raisons de crédibilité ou par incapacité à penser *autrement*. Cette dépendance a été entretenue par le système éducatif importé d'ailleurs. Ce système produisait des consommateurs plutôt que des hommes et des femmes capables de se prendre en charge, et dotés de créativité. Ainsi les théologiens qui sont issus de ce système pourront-ils difficilement produire des idées nouvelles qui servent à l'Église en Afrique et qui l'engagent à un témoignage dynamique et constructif. Il est même à craindre que certains ne servent de courroie de transmission ou de caisse de résonance à la théologie du Nord. Or, l'Église attend d'eux un discours qui réponde avec pertinence à ses questions fondamentales et existentielles, et à ses préoccupations, légitimes ou non. On reproche d'ailleurs aux théologiens de gratter là où ça ne démange pas ou de poser des questions que le peuple de Dieu ne se pose pas.

L'Église a besoin d'un discours théologique qui lui parle d'une manière intelligible et qui l'aide à enraciner la foi et à évangéliser. Ce discours doit tenir compte de ses préoccupations majeures dont les principales méritent d'être mentionnées. Certaines de ces préoccupations ont parfois des liens avec le passé, comme la liberté et l'identité. D'autres sont spécifiques à la culture, comme le tribalisme ou l'ethnicisme, la maladie et la mort. D'autres encore sont sécrétées par des crises socio-économiques ou sociopolitiques, comme la guerre et la corruption. Ignorer ces préoccupations majeures dans l'entreprise théologique, c'est faire fi de la vocation de l'Église et désobéir à Dieu dont la seule vision est le salut de l'homme et son bien-être.

2. Diverses conceptions

La conception de la théologie varie selon les milieux en Afrique. On en distingue essentiellement trois.

a) Dans le monde évangélique[2], un grand nombre de chrétiens comprend la théologie comme un assemblage de doctrines ou de propositions doctrinales sur des points distinctifs tels que le millénium, le baptême, le parler en langues ou la guérison divine. Certains mettent l'accent sur les « vérités fondamentales » d'où le concept du « fondamentalisme » né au début du XXᵉ siècle aux États-Unis dans un contexte de contestation contre les théologiens libéraux américains qui remettaient en doute l'inspiration divine de l'Écriture et les miracles relatés par la Bible[3]. Or, mettre ces points distinctifs et vérités fondamentales

---

[2] Dans cet ouvrage, le terme « évangélique » désigne la famille théologique qui adhère aux acquis de la Réforme du XVIe siècle et bénéficie de l'expérience missionnaire des Réveils du XVIIIᵉ siècle. La théologie évangélique s'oppose alors à la théologie libérale. Les deux principaux points caractéristiques du libéralisme sont le statut relatif qu'il donne à l'Écriture et la méthode critique qu'il utilise pour son interprétation

[3] La lecture du livre de George M. MARSDEN, *Reforming Fundamentalism*, Grand Rapids, Eerdmans Publishing Company, 1987, aidera à connaître le fondamentalisme actuel et surtout à comprendre que c'est un courant parmi tant d'autres dans la grande famille théologique évangélique. Il faut par ailleurs préciser que le fondamentalisme est essentiellement américain.

dans un discours cohérent ressemble à un exercice périlleux et difficile. Car il ne s'agit pas de les mettre les uns à côté des autres, sans articulation logique. Il convient de noter qu'il y a plusieurs courants évangéliques, depuis les plus radicaux avec une théologie séparatiste et un comportement isolateur jusqu'aux plus modérés et plus larges avec une tendance essentiellement calvinienne.

b) Dans certains milieux protestants, la théologie est perçue comme une science désintéressée au même titre que les sciences humaines enseignées dans les grandes universités d'État. Comme toute science, elle entend servir toute l'humanité, et non pas exclusivement l'Église. Cette conception de la théologie est partagée par la grande majorité des néo-protestants comme le qualifie Jacques de Senarclens[4].

c) Dans certains milieux africains, les chrétiens ont peu d'intérêt pour la théologie. Ils la diabolisent et la considèrent comme ennemi de la foi. Cette conception, ou pour être plus juste, cette non conception caractérise les mouvements « néo-pentecôtistes » mais aussi certaines églises évangéliques africaines qui refusent la réflexion.

3. Rivalité entre théologie et missiologie

La rivalité entre la théologie et la missiologie est une réalité douloureuse qui touche tout serviteur de Dieu ayant à cœur l'extension du Royaume. Les causes de cette rivalité sont lointaines et profondes.

La missiologie se définit comme la science de la mission. Elle cherche à combler le vide laissé par la théologie, disent certains missiologues. Ceux-ci pensent que la théologie de la Réforme du XVIe siècle se souciait peu de la mission. Elle n'encourageait pas la réflexion sur l'œuvre missionnaire et sur l'extension du Royaume de Dieu jusqu'aux extrémités de la terre, comme le Seigneur le recommande (Mc 16.15 et Ac 1.8). Il y a lieu de souligner que les pères de la missiologie ont mal compris le sens de la théologie et surtout la pensée des Réformateurs comme Jean Calvin, l'un des pères de la théologie protestante. Ces missiologues étaient confrontés à la théologie rationaliste et libérale des siècles suivant la Réforme. Ils ne

---

[4] Les néo-protestants s'éloignent théologiquement de plus en plus de Calvin considéré comme le père du protestantisme pour s'attacher à Schleiermacher le père du libéralisme. Pour de plus amples informations, lire Jacques de SENARCLENS, *Héritiers de la Réformation*, Genève, Labor et Fides, 1959.

voyaient que les dégâts commis par les théologiens libéraux et subis par les églises en Europe.

D'autre part, des facteurs importants ont favorisé la naissance de la conscience missionnaire, quelques siècles après la Réforme. Il y a d'abord les acquis des Temps modernes qui facilitaient les voyages outre-mer, ensuite la colonisation qui ouvrait la porte de l'Afrique et d'autres continents aux missionnaires et enfin l'anthropologie élaborée par les explorateurs, qui faisait « connaître » l'homme africain aux Occidentaux. Les succès de la mission étaient incontestables. De nombreuses églises ont été implantées en terre de mission depuis la fin du XIXe siècle. Des écoles de formation ont été créées, des systèmes de recrutement de missionnaires élaborés, et des mécanismes de collectes de fonds en faveur des œuvres missionnaires testés et mis en œuvre. Mais ces succès n'ont fait que favoriser le fossé déjà abyssal qui séparait la théologie de la missiologie, et le théologien du missionnaire.

Les conséquences de cette séparation ou rivalité sont désastreuses pour l'Église de Dieu en Afrique. Nous n'en citons que deux. D'une part, la mission évolue à la périphérie de l'Église. Le peuple de Dieu dans l'église locale ne se préoccupe pas de la mission. Beaucoup pensent en effet que la mission est confiée par Dieu aux sociétés missionnaires ou aux œuvres para-ecclésiastiques. D'autre part, très peu de théologiens prennent en compte la mission dans leurs réflexions et dans leurs écrits, à moins qu'ils ne se convertissent en missiologues et n'abandonnent leur statut de théologien[5].

Dans le contexte africain, il faut une théologie qui tienne compte de ces réalités et qui communique l'Évangile d'une manière appropriée à l'Africain, et les valeurs chrétiennes à la société africaine. Le changement de paradigme offre une belle occasion à l'Église en Afrique de mieux servir Dieu et les hommes. Mais il faut un nouveau discours. On se rappelle l'œuvre immense accomplie par la théologie classique dans le Nord. Elle a su façonner la civilisation occidentale dans un premier temps en Europe et ensuite en Amérique du Nord. Elle a communiqué l'Évangile qui vise à la transformation de l'homme et aux grandes valeurs chrétiennes qui œuvrent pour la transformation de la société.

---

[5] Heureusement, depuis la fin du XXe siècle a eu lieu un changement important : l'entrée du nouveau paradigme qui sera traité dans les chapitres suivants.

Chapitre 2

Définitions

1. Premières définitions

La théologie est « la science du destin divin de l'homme », selon Tshishiku Tshibangu[6]. Ce grand théologien congolais fait ainsi la synthèse des définitions que nous pouvons trouver dans la littérature théologique. Certains théologiens comme Karl Barth mettent l'accent sur son caractère intellectuel, et sur la foi comme objet premier de la théologie. D'autres comme Henri Blocher la définissent comme lecture seconde de la Parole[7]. Il ajoute ailleurs que « la théologie, c'est la connaissance de Dieu dans son déploiement, son approfondissement, son affinement, parfois son raffinement[8] ». Mais les uns et les autres s'accordent à dire que la théologie est une œuvre humaine. Ils ne peuvent dans ce sens reconnaître à la théologie une autorité absolue, ou lui conférer un statut de référence permanente. Dans le cadre de ce livre dont le but est d'encourager le peuple de Dieu à la réflexion théologique dans une nouvelle perspective, nous définissons avec d'autres théologiens la théologie comme étant « le

---

[6] T. TSHIBANGU, « Tâche de la théologie africaine : Questions aux théologiens africains », *Bulletin de la Théologie Africaine*, Vol. 1, Janvier-Juin 1979, p. 23.

[7] H. BLOCHER, *Prolégomènes*, Vaux-sur-Seine, FLTE, 1976, p. 75 (fascicule).

[8] H. BLOCHER, *La Bible au microscope, Exégèse et théologie biblique*, Vol. 1, Edifac, 2006, p. 13.

dire de l'homme sur le déjà-dit de Dieu ». Cette définition séduit par sa simplicité et sa clarté. Elle sous-entend les dimensions essentielles à la théologie, sa nature et son but que nous pouvons brièvement présenter.

a) Les deux dimensions

Selon cette définition, la théologie comporte deux dimensions : la dimension humaine dans « le dire de l'homme » et la dimension divine dans « le déjà-dit de Dieu ». Cette définition met en relief ce que les théologiens appellent « l'union du divin et de l'humain » en vue d'exprimer d'une manière intelligible la pensée de Dieu à l'homme dans son environnement. Tossou exprime cette union dans sa théologie de la Révélation en disant que « Tout est de Dieu et tout est de l'homme ; tout vient de Dieu, mais tout passe par l'homme[9] ».

Cette définition permet d'affirmer que « le dire de l'homme » naît et s'élabore dans une culture donnée, sachant que l'homme n'est pleinement homme que dans sa culture. Il ne peut s'exprimer pleinement et librement qu'à travers elle. Cette culture inclut le mode de pensée, la vision du monde, la religion ambiante et les préoccupations ressenties dans le milieu. « Le déjà-dit de Dieu », quant à lui, renvoie à la Révélation divine, l'acte souverain de Dieu de se faire connaître aux hommes. Certains théologiens incluent dans « le déjà-dit de Dieu » les dogmes ou les vérités exprimées dans les confessions de foi. D'autres accordent à la Tradition la même place et la même importance que l'Écriture[10]. Nous optons plutôt pour la vérité cardinale de la *Sola Scriptura* des Réformateurs. L'Écriture divinement inspirée est « le déjà-dit de Dieu ».

Nous déduisons de cette définition que la théologie rend intelligible la Parole de Dieu. Elle cherche à couler le message de Dieu dans le langage humain, sachant que ce langage humain se forge dans une culture donnée. Aucun langage humain n'est en effet universel. Même à l'intérieur d'une langue largement parlée, comme le français ou l'anglais, il y a une multitude de langages.

---

9 R. K. A. TOSSOU, « Parole de Dieu et Théologie africaine », dans A. NGINDU Mushete, sous dir., *Parole de Dieu et langage des hommes : La rencontre de Yaoundé*, Kinshasa, AOTA, Septembre 1980, p. 57.

[10] La Tradition contient des vérités divines au même titre que l'Écriture. Elles se transmettent de génération en génération par l'intermédiaire du Magistère, et grâce à la doctrine de la succession apostoliques.

b) Deux buts

La théologie vise à l'appropriation du « déjà-dit de Dieu ». Le théologien procède à la quête de sens dans un premier temps. Il s'atèle à comprendre « le déjà-dit de Dieu » par le biais de l'exégèse et de l'herméneutique. L'exégèse cherche à saisir ou à faire comprendre aussi objectivement que possible ce que voulait dire l'auteur biblique dans son contexte. Elle exige par conséquent une méthode fiable, une bonne maîtrise des langues bibliques et une connaissance juste du contexte culturel, historique, religieux et politique de l'époque. L'herméneutique, quant à elle, se définit comme l'art d'interpréter le message divin en vue de le rendre intelligible aux hommes du siècle présent dans leur contexte culturel. L'étape de la quête de sens est donc nécessaire à l'appropriation. Dans un deuxième temps, le théologien passe à la formulation. Elle consiste à mettre dans un discours les résultats de la quête de sens. En formulant les vérités de Dieu dans un discours, le théologien se les approprie et aide les autres à les assimiler et se les approprier.

La communication du message est le deuxième but de la théologie, sachant qu'il n'est pas juste de séparer l'appropriation de la communication. Car on communique ce qu'on s'est approprié, selon l'esprit même de l'Évangile. « Malheur à moi si je n'annonce pas l'Évangile », dira l'apôtre Paul (1 Co 9.16). La théologie doit communiquer la pensée de Dieu aux hommes, elle est dans ce sens utilitaire. N'en déplaise à ceux qui considèrent la théologie comme une science désintéressée. En visant la communication du « déjà-dit de Dieu », la théologie se met au service de l'Église, autrement elle serait un discours intellectuel qui n'a rien à voir avec le vécu et l'agir de l'Église. On la qualifierait alors de théologie de laboratoire.

c) Double message

Comme outil de l'Église, la théologie vise à la communication de l'Évangile, avons-nous dit. Elle aide les chrétiens et l'Église à présenter l'Évangile aux non-croyants et à les inviter à la repentance. C'est Dieu qui opère, dans sa souveraineté et dans sa toute-puissance, la transformation radicale de la vie du repentant, et qui fait de lui un enfant de Dieu, par l'instrument de l'Église. Il faut cependant souligner que la théologie n'inculque pas de méthode d'évangélisation à l'Église, elle ne donne pas de recettes pour gagner des âmes à Christ. Elle a plutôt comme rôle de façonner la pensée des chrétiens et de l'Église pour les rendre sensibles aux besoins primordiaux des hommes, à savoir le pardon et la vie avec Dieu.

La théologie vise également la communication des valeurs chrétiennes aux hommes et à la société. Elle a comme ambition de transformer la société, comme c'était le cas de la théologie européenne au XVIe siècle. On se rappelle par exemple que la démocratie qui fait la fierté de l'Europe est une valeur d'origine calvinienne[11]. Certains pays tels que la Suisse et les Pays-Bas ont jusqu'à présent des valeurs calviniennes comme base de leurs sociétés, bien que ces pays entrent aujourd'hui dans la phase post-chrétienne de leur existence.

La théologie est donc à la base de la communication de l'Évangile qui transforme les hommes et de la communication des valeurs chrétiennes qui transforment la société.

2. La théologie et les autres disciplines

La situation de la théologie, vis-à-vis des grandes disciplines théologiques, varie selon les courants théologiques. Certains théologiens situent la théologie sur le même cercle dit herméneutique que la culture et l'Écriture. Dans ce sens, elle a exactement la même position et parfois la même importance que les deux autres éléments. Le développement de la théologie se fait alors par le moyen des va-et-vient entre ces trois pôles, à savoir l'Écriture, la culture et la théologie. D'autres considèrent l'Histoire comme discipline constituante de la théologie. Les théologiens de cette catégorie ne peuvent pas concevoir une théologie indépendante de l'Histoire. Pour eux, la théologie et l'histoire forment un tout, une seule science. D'autres encore pensent que la théologie pastorale sert de base à la théologie (systématique). Elle s'élabore à partir de l'observation de la vie quotidienne du chrétien à la lumière de la vie de Christ.

Pour notre part, nous situons la théologie au carrefour des grandes disciplines théologiques. D'une part, elle est fondée sur les données

---

[11] La forme actuelle de la démocratie est bien différente de celle au temps de Calvin. De nos jours, démocratie rime avec élections présidentielles au suffrage universel direct et avec l'assemblée nationale qui détient le pouvoir législatif. C'est une forme de démocratie parmi d'autres.

bibliques mises à sa disposition par l'exégèse et l'herméneutique. Il faut donc en déduire que la qualité d'une théologie dépend en grande partie de la qualité de ces deux disciplines. D'autre part, elle a recours aux sciences humaines qui lui fournissent des données sociologiques, historiques et philosophiques et qui l'aident à la connaissance du milieu dans lequel elle s'élabore et évolue. Ces données ne sont donc pas des éléments constitutifs de la théologie, mais elles sont nécessaires à l'élaboration du discours théologique.

3. Implications théologiques des définitions

Nous repérons quelques implications théologiques de notre définition.

a) Le caractère hautement intellectuel

La théologie engage à la réflexion tant au niveau de la quête de sens qu'au niveau de la formulation. Que le terme « intellectuel » n'effraie pas ! Il renvoie essentiellement à une démarche qui fait usage de « l'intelligence renouvelée » et éclairée par Dieu, selon les termes de l'apôtre Paul (Rm 12.1-2). Rappelons que les Réformateurs ont toujours récusé la raison indépendante, celle de l'homme sans Dieu, qui prétend tout saisir par des efforts personnels. La raison indépendante mène incontestablement à la dérive en ce qui concerne « les choses d'en-haut ». Car depuis la chute, elle porte en elle le germe du péché, et ne peut ainsi saisir le mystère de Dieu. D'autre part, le caractère intellectuel de la théologie n'exclut pas de l'entreprise théologique, le peuple de Dieu composé essentiellement de petites gens. Car tout être humain est doté d'intelligence et donc capable de réflexion, quel que soit son niveau académique. La capacité de réflexion ne se mesure pas par le nombre de diplômes qu'on a. Tout est question de la manière dont on engage la réflexion et du langage qu'on utilise.

b) La volonté de résorber la tension entre l'intellectuel et le spirituel

Les Temps modernes, ou le paradigme des Lumières, ont créé des dichotomies dans la vie de l'homme. Ils opposent la raison et l'émotion, la vie privée et la vie publique, le profane et sacré, et enfin et surtout l'intellectuel et le spirituel. L'Écriture ne connaît pas ces dichotomies, les cultures africaines non plus. En ce qui concerne la foi, Dieu engage le chrétien à l'aimer de tout son être (Dt 6.4s ; Mt 22.37). Il l'exhorte à la réflexion. Comment en effet pourrons-nous saisir le message de Dieu sans réflexion ? Dieu ne parle pas du haut des cieux dans un mégaphone pour dicter nos actes chaque matin. Il a mis par écrit sa Parole pour que nous la méditions. Or, méditer la Parole signifie saisir intellectuellement le message de Dieu en vue de l'intérioriser spirituellement et de le traduire en actes. De ce fait, la théologie est hautement intellectuelle et profondément spirituelle.

c) La détermination de réduire sinon de supprimer la distance qui sépare la théologie de la missiologie

La théologie est perçue par certains missiologues comme un discours trop conceptuel ; et la missiologie comme un ensemble de principes d'ordre pratique, par des théologiens. Si nous définissons la missiologie avant tout comme le dire de l'homme sur le déjà-dit de Dieu concernant la mission, nous devons reconnaître sa nature fondamentalement théologique. En vertu de notre définition, nous pouvons donc affirmer que la théologie peut résorber la tension ou combattre la rivalité traditionnelle qui existe entre la théologie et la missiologie.

En conclusion, dans ce monde qui change, il nous faut un nouveau discours qui « facilite la compréhension du message biblique, traduire le mystère de la révélation biblique en sagesse afin que le peuple de Dieu s'engage, sans réserve, à servir le Dieu vivant et vrai dans le monde tel qu'il est[12] ».

---

[12] T. TIÉNOU, « La théologie africaine, description du paysage, réaction des évangéliques », conférence donnée au Colloque des Amis de la Théologie à Abidjan en juin 1999 [non publié].

Chapitre 3

Alternatives théologiques

Oser penser, ou « théologuer » *autrement* est le principal défi de l'Église en Afrique aujourd'hui. La question est de savoir si cette initiative théologique est justifiée, et sur quelle base elle repose. Nous répondrons à cette question fondamentale dans ce chapitre.

1. Indications historiques

L'histoire nous informe que nous changeons maintenant de paradigme. Ce nouveau concept n'est pas facile à expliquer, et encore moins à comprendre, surtout dans le milieu théologique où le terme est récemment entré dans son vocabulaire. En fait, c'est le physicien et historien des sciences Thomas Kuhn qui a élaboré la théorie des paradigmes comme le fait comprendre David Bosch[13]. À son avis, les hommes et en particulier les scientifiques de différentes époques, contrairement à ce qu'on pense, n'ont pas exactement la même perception des choses. Ils sont influencés par divers facteurs. Kuhn affirme que dans notre connaissance du réel, il y a toujours la part de la subjectivité. Et

---

[13] David BOSCH donne de plus amples explications sur le paradigme selon KUHN, dans son livre : *Dynamique de la mission chrétienne*, Lomé/Paris/Genève, Haho/Karthala/Labor et Fides, 1995, p. 242-246.

cette subjectivité est sujette à plusieurs facteurs dont l'époque et la culture ambiante. Certes, l'absolu existe mais il est pratiquement impossible de le saisir d'une manière parfaitement objective. Il existe tel qu'il est, mais nous le connaissons tels que nous sommes. La perception du réel varie donc essentiellement dans le temps, c'est le cas dans les sciences physiques en particulier. Cette variation dans le temps est marquée par ce que Kuhn appelle « paradigme ». L'exemple de trois éminents savants aide à comprendre le sens du paradigme. Nicolas Copernic (1473-1543) a révolutionné la science en démontrant que la terre tourne autour du soleil. Elle n'est pas plate comme on l'avait imaginé depuis la nuit des temps. Le savant polonais a donné ainsi une nouvelle perception de la terre, du soleil et surtout de la vie. Le paradigme de Copernic est remplacé plus tard par celui de Sir Isaac Newton (1642-1727) qui a élaboré la théorie de la pesanteur. À son tour le paradigme de Newton a cédé la place celui de Albert Einstein (1879-1955) qui a initié la théorie de la relativité.

Nous reconnaissons que le terme « paradigme » est en lui même problématique. Kuhn qui semble le mieux indiqué pour le définir en trouve vingt-deux sens[14]. C'est pourquoi il se propose de l'expliquer par des exemples. En outre, le paradigme est un terme relativement récent dans le vocabulaire théologique, avons-nous dit. Jusqu'à présent, aucune définition théologique du concept n'a donné satisfaction. Nous essayerons toutefois d'en proposer une définition approximative mais sans doute suffisante pour nous permettre de progresser dans la réflexion. Ainsi, nous définissons le paradigme dans le cadre du christianisme comme la perception que les chrétiens, les théologiens en particulier, ont des vérités fondamentales dans un environnement situé dans le temps. Cet environnement est formé de différents facteurs comme la culture exprimant la manière d'être, le mode de pensée en vigueur, les valeurs religieuses et morales reconnues, le sens de la vie et la langue, sachant que celle-ci joue un rôle primordial dans la culture, et dans l'appropriation du réel. Et comme la foi est l'objet principal de la théologie, nous percevons le paradigme comme une manière de comprendre la foi dans un environnement donné. Cela suppose que la perception de la foi varie selon les environnements (qui changent) et le temps. Cette variation est due au caractère subjectif de la connaissance.

---

[14] BOSCH, *Dynamique de la mission chrétienne*, p. 246.

Un paradigme né dans un contexte donné dure un temps plus ou moins long et sera remplacé par un autre, pour des raisons diverses. Nous reproduisons ici les six paradigmes dans l'histoire du christianisme, selon Hans Küng et que Bosch admet dans son livre célèbre publié *post mortem*[15]. Nous prenons en outre la liberté de donner un contenu à chaque paradigme.

a) Le paradigme du christianisme apostolique[16]

À sa naissance au Ier siècle, le christianisme avait un arrière-plan juif. Les disciples continuaient à fréquenter les synagogues et à observer ou à pratiquer certaines traditions comme la circoncision et l'observation du sabbat. La majorité des disciples parlaient l'araméen, bien que le grec et le latin aient été couramment parlés dans certains milieux. Ce christianisme avait Jérusalem comme centre de rayonnement et comme mission le témoignage, c'est-à-dire la volonté d'attester la vérité sur le Messie, quel qu'en soit le prix. Ce paradigme n'a duré qu'un temps à cause de la persécution qui sévissait à Jérusalem à l'encontre des disciples, et qui les a fait fuir essentiellement vers l'Asie Mineure et l'Europe, mais aussi vers la Mésopotamie et les Indes. Le christianisme apostolique, avec les apôtres comme premiers responsables et comme piliers, avait deux grands thèmes majeurs : le Christ ressuscité et *Maranatha,* le Seigneur revient. Face à la persécution, les disciples fondaient leur espérance sur ces deux vérités. Le Christ ressuscité revient bientôt.

b) Le christianisme hellénistique

Le changement de paradigme est favorisé par le déplacement du centre de rayonnement de Jérusalem à Antioche, à cause de la persécution qui sévissait en Palestine. De ce fait, le christianisme passait de la culture juive à la culture grecque (ou tout simplement occidentale). L'araméen cédait la place au grec comme langue de communication. La réunion de Jérusalem relatée par Luc dans le Livre des Actes chapitre 15 marqua ce changement de paradigme du christianisme d'une manière officielle. Nous savons que les décisions prises à cette réunion étonnaient à plus d'un titre :

---

[15] *Ibid.*, p. 242.

[16] Nous préférons le terme « apostolique » au terme « primitif » que nous trouvons dans la version française de son livre.

la circoncision n'était pas exigée aux croyants d'origine païenne, comme condition d'entrer dans l'alliance. Mais ceux-ci devaient tenir compte de la sensibilité des chrétiens d'origine juive, surtout en matière d'aliments (Ac 15.20). Alors, l'Église, qui était mono-ethnique dans l'ancien paradigme puisque composée essentiellement de Juifs, accueillait avec joie les non Juifs et devenait ainsi multi-ethnique. Le caractère universel de l'Église apparaissait déjà au début du paradigme hellénistique.

Le paradigme hellénistique était le cadre de la naissance et du développement de la théologie, perçue comme réflexion sur la foi. Des concepts nouveaux et extrêmement utiles à la compréhension de la foi sont nés. Par exemple, dans le cadre de la doctrine de la trinité, le concept d'hypostase était « forgé » pour distinguer les trois personnes[17] entre elles, c'est-à-dire pour signifier que Dieu le Père n'est pas le Fils, le Fils n'est pas le Saint-Esprit et le Saint-Esprit n'est pas le Père. Dans le cadre de la christologie, il fallait affirmer les deux natures de Jésus et définir la relation qui existe entre elles. Le concile de Chalcédoine tenu en 451 affirmait à cet effet que le Seigneur avait deux natures distinctes. Elles sont unies sans qu'il n'y ait ni confusion, ni transformation, ni division, ni séparation. Nous reconnaissons que ces concepts étaient tout à fait appropriés dans la culture grecque de l'époque. Ils aidaient à avoir accès au mystère de Christ. Il faut clairement souligner que bien que l'approfondissement de la foi par la voie de la théologie ait été essentiel dans le christianisme hellénistique, il ne faisait pas négliger ni reculer la conscience pour la mission, la volonté de l'Église d'étendre le Royaume jusqu'aux extrémités de la terre. Les chrétiens du paradigme hellénistique ont compris que plus la foi s'enracine intellectuellement dans la culture et spirituellement dans les coeurs, plus l'Église s'étend. L'Église a donc des racines et des ailes.

Il y a toutefois une exception à signaler. L'église orthodoxe éthiopienne, née au IVe siècle, n'a jamais adhéré à la confession de foi définie au concile de Chalcédoine en 451 sur les deux natures de Jésus. Ayant des racines sémitiques et des affinités avec la culture vétérotestamentaire, les chrétiens éthiopiens ne pouvaient pas comprendre la théologie des deux natures de Jésus-Christ, tout comme la plupart des églises orientales. Ces églises sont d'ailleurs qualifiées de monophysites par les Chalcédoniens, c'est-

---

[17] En fait, le terme grec rendu en français par « personne » est aussi une invention théologique.

à-dire les églises occidentales qui adhéraient à la définition du concile de Chalcédoine. En fait, les Éthiopiens ne pouvaient pas comprendre la différence entre *nature* et *personne,* non pas qu'ils étaient peu intelligents, mais que ces concepts étaient étrangers à leurs catégories. Ils confessent que « la Parole s'est incarnée et est avec la nature de Jésus ». Ils se disent alors *miaphysites*[18]. Il faut donc comprendre par-là que l'église éthiopienne, et bien d'autres églises orientales, n'ont jamais été dans le paradigme hellénistique. Nous ne nous étonnons donc pas qu'elle n'ait pu entrer dans la civilisation occidentale que tardivement. C'est dans ce sens que l'on reproche à la société éthiopienne, façonnée en grande partie par le christianisme orthodoxe, d'être médiévale. Elle vivait en marge de la civilisation (occidentale), jusqu'à une date récente.

c) Le christianisme médiéval

Après la chute de l'empire Romain en 476, le centre du christianisme se déplaçait progressivement vers Rome. Le pouvoir du Pape s'affermissait et le catholicisme se formait. Ainsi le christianisme hellénistique céda la place au christianisme médiéval. Le latin remplaçait le grec comme langue de culture. Rome devenait alors la capitale de l'Église d'où le Pape exerçait son pouvoir dans le monde chrétien. Il était au-dessus de tous, en particulier des princes et rois qui avaient le pouvoir temporel. La culture théologique acquise dans le paradigme hellénistique s'amenuisait et se perdait progressivement en faveur de la Tradition, au sens catholique. La Tradition se confirmait comme source de Révélation au même titre que l'Écriture. Cette situation favorisait la prépondérance du Magistère en tant que seule instance qui définissait la foi et l'enseignait au peuple de Dieu.

d) Le christianisme de la Réforme

La Réforme du XVIe siècle doit être comprise comme le plus grand événement dans l'histoire du christianisme occidental, non seulement par le fait que l'augustinien Martin Luther et le juriste Jean Calvin quittaient l'Église Romaine, mais aussi par leurs contributions précieuses

---

[18] Les Éthiopiens orthodoxes comme les autres églises orientales (non byzantines) refusent le qualificatif « monophysites » qu'ils jugent incorrect. Ils préfèrent l'appellation « miaphysites » ou « non chalcédonicns ». La lecture de Aymro WONDMAGEGNEHU, sous dir., *The Ethiopian Orthodox Church,* Addis Ababa, Ethiopian Orthodox Mission, 1970, p. 96-100, aidera à la connaissance juste de ces églises.

à la naissance de la civilisation occidentale[19]. En traduisant la Bible en allemand et en français, les Réformateurs et leurs disciples signaient la fin de l'hégémonie du latin et du coup annonçaient l'avènement du pluralisme culturel. Du côté de la France, la littérature se développait. Nous nous rappellerons encore longtemps, que Clément Marot et Théodore de Bèze, auteurs de plusieurs poèmes et de cantiques sont, avec d'autres poètes du XVIe siècle, à la base de l'envol de la littérature française[20]. Du côté de la théologie, Wittenberg et Genève apparaissaient comme des centres de réflexion où bouillonnaient de nouvelles idées, et dont le rayonnement touchait toute l'Europe et plus tard l'Amérique du Nord et le reste du monde. Le paradigme de la Réforme adoptait la vérité cardinale *Sola Scriptura*, récusant ainsi l'autorité de la Tradition et du Magistère du paradigme du christianisme médiéval. Sa théologie était fortement théocentrique. Les Réformateurs et leurs disciples jusqu'à nos jours signaient leurs écrits avec la fameuse phrase : *Soli Deo gloria.*

e) Le christianisme sous les Lumières

Le siècle des Lumières exaltait la maturité de l'homme et surtout de la raison humaine. Selon les rationalistes, produits directs des Lumières, l'homme moderne peut tout et a accès à tout par le moyen de la raison. Il exclut alors tout ce qui n'est pas conforme à la raison. Le christianisme a subi le rationalisme du siècle des Lumières au point où certains théologiens remplaçaient la vérité cardinale *Sola Scriptura* par le principe cartésien « Je doute donc je suis ». La ville de Genève, figure emblématique du christianisme protestant s'éclipsait progressivement et laissait toute la place aux grands foyers de réflexion tels que Tübingen en Allemagne, et plus tard Princeton aux Etats-Unis. La théocentricité théologique de la Réforme s'effaçait en faveur de l'anthropocentrisme des néo-protestants. La grille de lecture de ces derniers faisait exclure de la Bible tout ce qui n'était pas conforme à la raison. Ainsi, le christianisme hérité de la Réforme est vidé de sa substance.

---

[19] *Le Monde* dans sa livraison du samedi 17 février 2001 publiait un article, intitulé « Un mythe fondateur pour la mondialisation » dans lequel Philippe QUÉAU affirme clairement la contribution de la Réforme à la Renaissance, laquelle constitue le socle de la civilisation occidentale.

[20] Il sied de rappeler que Théodore de Bèze a mis en vers plusieurs psaumes dont le Psaume 66 que Louis Bourgeois a mis en musique (« Sur les ailes de la foi », N°2), et Clément Marot entre autres le Psaume 138 « Il faut grand Dieu ».

f) Le christianisme œcuménique

L'ère œcuménique a été inaugurée par la conférence internationale missionnaire tenue à Édimbourg en 1910. Les responsables chrétiens de divers arrière-plans théologiques et ecclésiastiques pouvaient se mettre ensemble pour réfléchir sur l'avenir de l'œuvre missionnaire dans le monde. Le concept œcuménique faisait appel à la volonté de vivre ensemble et d'agir comme un seul être pour la cause de l'Évangile. Les différences théologiques ne faisaient plus obstacle à l'unité visible du peuple de Dieu. C'est dans cet esprit œcuménique qu'en 1948 fut créé à Amsterdam le Conseil Œcuménique des Églises qui se voulait une expression visible de cette unité.

Nous reconnaissons le caractère schématique et théorique de cette présentation de l'histoire du christianisme en fonction des paradigmes. La réalité est plus compliquée. Par exemple, le passage d'un paradigme à un autre n'est pas aussi clair que l'on pense. Il y a parfois, sinon souvent, un chevauchement de paradigmes. Le paradigme des Lumières peut encore subsister jusqu'à aujourd'hui par exemple dans les milieux théologiques en Allemagne. Ce fait apparaît dans les écrits de certains théologiens allemands qui demeurent rationalistes, malgré « le monde qui change ». En outre, certaines églises orthodoxes grecques traînent les pieds dans le paradigme hellénistique ! Le schisme de 1054 peut être expliqué en partie par la subsistance du paradigme hellénistique dans les églises orientales alors que l'Église romaine était déjà dans le paradigme médiéval. Un chrétien ou un théologien qui persiste dans un ancien paradigme est qualifié de conservateur, dans un sens péjoratif. Il ressemble à un paysan qui porte un fagot sur la tête alors qu'il est dans un bus, ou à un homme qui fait le tour des magasins à la recherche d'une machine à écrire métallique à l'heure de l'informatique. Nous nous demandons alors si l'un des plus grands des défis auxquels les églises en Afrique font face ne concerne pas le changement de paradigmes. Deux paradigmes différents peuvent co-exister dans une même église et créent un contexte favorable au dialogue des sourds.

Il faut préciser que la période des Temps modernes couvre ces trois derniers paradigmes. Ouverte au XVIe siècle grâce à la Renaissance et soutenue par les valeurs chrétiennes de la Réforme, la période des Temps modernes atteignait son apogée dans le paradigme des Lumières.

Depuis quelques décennies, elle s'efface progressivement. Les penseurs, tant des sciences humaines que des sciences dites exactes, reconnaissent que le Siècle des Lumières n'a pu satisfaire totalement les besoins de l'homme. La raison au sens cartésien n'a pu résoudre ses problèmes qu'en partie. L'homme du XXIe siècle veut recourir à d'autres valeurs comme l'intuition ou les émotions. Aujourd'hui, nous sommes en droit de penser à l'avènement d'un nouveau paradigme, ou à une alternative à la civilisation des Temps modernes, qui était la seule valable pendant des siècles[21].

En Afrique, d'autres facteurs préparant la naissance d'un nouveau paradigme s'ajoutent à ceux que nous avons déjà mentionnés. Ces facteurs sont :

La prise de conscience de l'identité

Dans l'ancien paradigme, on opposait le Nord riche et puissant au Sud pauvre et démuni. L'expression « L'Occident et le reste du monde », en anglais « the West and the rest » que nous trouvions dans le langage des missionnaires est révélatrice d'une division du monde en deux parties, marqué par l'ordre économique mondial. L'identité est alors l'un des thèmes majeurs que des penseurs africains, chrétiens ou non-chrétiens, théologiens ou non théologiens voudraient développer.

La croissance numérique incontestable des chrétiens

David Barrett estimait déjà en 1982 à 20.000 par jour le nombre des conversions à l'Evangile en Afrique. Mais nous devons reconnaître que la croissance numérique n'est qu'une donnée qui détermine la vraie croissance d'une église, ou du christianisme en général. Il y en a davantage.

---

[21] Nous pouvons envisager une autre présentation de changement de paradigmes qui met en relief l'itinéraire qu'a pris le christianisme depuis les temps apostoliques :
1) Le judéo-christianisme avec comme foyer Jérusalem et comme piliers Pierre, Jacques et Jean.
2) Le christianisme syriaque, peu connu en Occident, avec comme foyer Idessa et comme champ d'extension la Mésopotamie et les Indes.
3) Le pagano-christianisme avec comme foyers les quatre villes orientales Antioche, Constantinople, Ephèse et Alexandrie.
4) Le romano-christianisme qui a fait de Rome la ville éternelle des catholiques.
5) Le christianisme occidental avec comme représentants Jean Calvin, Frederik Schleiermacher et Karl Barth. Ces trois théologiens sont fondamentalement différents les uns des autres, mais ils ont façonné chacun pour sa part l'esprit protestant.
Cette présentation a l'avantage de tracer l'itinéraire du christianisme en citant les grands repères : Jérusalem, Antioche et les autres villes telles que Constantinople et Ephèse et Rome, Genève et Wittenberg – pour les protestants. Une question se pose alors : Quelle sera la prochaine étape de la « marche de la théologie » selon cet itinéraire et où se trouvera le foyer principal ? Nombre de théologiens africains ont répondu à cette question en disant que le centre de gravité du christianisme s'est déplacé du Nord en Afrique.

L'intérêt pour la recherche et la réflexion chez les théologiens

L'existence, depuis quelques décennies, de nouvelles structures et activités témoigne de l'intérêt que les théologiens ont pour la réflexion : des institutions de formation de niveau universitaire, des centres de recherche, des activités théologiques sous forme de colloques, de consultations et d'ateliers de plus en plus nombreuses, la publication des ouvrages de haut niveau par des maisons d'édition africaines. Nous sommes en droit de penser que l'Afrique a assez de richesses non seulement pour se prendre en charge en matière de théologie, mais aussi pour œuvrer pour l'extension du Royaume jusqu'aux extrémités de la terre. Le besoin d'une nouvelle théologie se fait alors sentir.

2. Indications bibliques

a) L'incarnation

« Le Verbe s'est fait chair . . . » (Jn 1.14). L'incarnation en Jésus-Christ est la démarche de Dieu pour se faire connaître aux hommes. Elle a pour but de rendre Dieu « visible » à l'homme spirituellement aveugle et de faire de celui-ci un vrai homme, restauré de la corruption du péché et racheté de la perdition définitive. Ainsi le vrai homme rencontre et connaît le seul vrai Dieu, par la voie de l'incarnation. Dans l'hymne à Christ, Paul présente Jésus comme « l'image du Dieu invisible » (Col 1.15). Ainsi, la théologie de l'incarnation tranche avec toutes les autres théologies et religions. Dans l'islam, Dieu est le tout autre. Il ne peut en aucun cas ressembler à un homme et encore moins devenir homme. Dans les religions traditionnelles africaines, Dieu le Créateur est trop éloigné des hommes pour se soucier d'eux. Dans le panthéisme hindou, le divin est dans la nature, confondu avec elle et inséparable d'elle. Cette démarche de l'incarnation initiée par Dieu à travers la venue de son Fils parmi les hommes doit inspirer tout théologien soucieux de faire connaître « le seul vrai Dieu » (Jn 17.3).

b) Inculturation

« Et le Verbe s'est fait chair et il a habité parmi nous[22] » (Jn 1.14). Le lecteur s'arrête souvent à la première partie du verset, qui concerne l'incarnation. La deuxième partie s'avère aussi importante que la première : « La Parole a dressé sa tente parmi nous ». Cette traduction littérale où le sens étymologique de *skënoö* (la racine de ce verbe veut dire tente), rend bien l'idée de l'inculturation[23]. En effet, par l'incarnation, Dieu est devenu homme, parfaitement homme ; et par l'inculturation, il est devenu autochtone. Jésus a dressé sa tente parmi les Juifs. Il a vécu au milieu des hommes, adoptant totalement les us et coutumes de la culture d'accueil. Il était connu dans son village comme « le fils du charpentier », plutôt que comme un étranger venu d'ailleurs ! Et pourtant il était le Fils de Dieu.

La théologie, dont le but principal est de faire connaître Dieu, doit avoir le souci d'inculturer le message divin. Il faut que l'Évangile qu'elle véhicule s'inscrive dans le milieu de vie de ceux qui l'écoutent. Elle fera en sorte que le message de l'Évangile s'insère dans la culture, la purifie et la mûrisse au regard de la Bonne Nouvelle du salut apporté par Jésus-Christ, comme Penoukou le dit si bien[24]. Un adage dit que « pour parler à l'ours, il faut parler la langue des ours. »

c) Enracinement

Certains théologiens émettent des réserves quant à l'emploi du terme « inculturation », probablement parce qu'il est d'origine catholique et qu'ils assimilent la théologie de l'inculturation à la théologie contextuelle. Ils préfèrent le terme « enracinement », qui évoque l'idée d'ancrer le message de l'Évangile dans la profondeur de la terre africaine. La métaphore de la rencontre entre le grain semé et la terre d'accueil explique bien les enjeux de l'Évangile à la rencontre de la culture. Elle ne peut se faire sans blessures et meurtrissures. Cette rencontre exige même que le grain

---

[22] Le terme grec se réfère au Tabernacle. Nous pourrons alors traduire encore plus littéralement le verset 14 comme suit : « La Parole est faite chair et elle a tabernaclé parmi nous », le tabernacle symbolise la présence de Dieu au milieu de son peuple.

[23] L'inculturation est un concept conçu par les théologiens catholiques et officiellement adopté par le Symposium des évêques africains tenu à Nairobi en 1974. Les théologiens protestants préféraient le terme contextualisation. La théologie de la contextualisation était présentée dans un atelier à l'Assemblée Pan Africaine des Responsables Chrétiens dite PACLA, tenue à Nairobi en 1976. Nous verrons plus tard que la plupart des théologiens protestants africains emploient de moins en moins le terme contextualisation, peut-être parce que le concept est né ailleurs.

[24] J. PENOUKOU, *Églises d'Afrique : Propositions pour l'avenir*, Paris, Karthala, 1984, p. 43.

meure avant de pousser et de devenir une belle plante, un arbre qui porte beaucoup de fruit (Jn 12.24). Le concept de l'enracinement met en relief les défis et les souffrances, et aussi la patience qu'il faut consentir dans la communication de l'Évangile. La théologie de l'enracinement vise l'appropriation et la fécondité mais elle met surtout en garde contre la superficialité et la spiritualité de façade que le christianisme africain connaît aujourd'hui.

Ces trois notions se recoupent et visent le même double but : l'appropriation et la communication. Il ne faut donc pas s'attarder sur la terminologie. Les concepts sont plus importants que les termes qu'on utilise.

Quelle conclusion devons-nous tirer de ces indications historiques et bibliques ? Entreprendre une nouvelle initiative théologique qui vise à une meilleure appropriation de l'Évangile et à une meilleure communication de la foi et des valeurs chrétiennes dans le nouveau paradigme est une exigence de Dieu. Jésus en donne l'exemple. C'est Dieu qui s'est fait homme et qui intégrait sans réserve la culture de son choix.

3. Fondements de l'initiative théologique en Afrique

La définition que nous avons choisie pour cette réflexion nous ouvre la voie vers une entreprise théologique nouvelle, indépendante vis-à-vis de la théologie classique née au XVIᵉ siècle en Europe, dont la pertinence était réelle dans le paradigme des Temps modernes. Nous trouvons dans la définition de la théologie comme le dire de l'homme sur le déjà-dit de Dieu, un fondement à une telle initiative.

L'histoire, pour sa part, informe que l'heure pour l'Église d'entrer dans un nouveau paradigme a sonné. Trois facteurs importants y font penser : la fertilité religieuse en Afrique, la démocratie acceptée ou rejetée par les pays africains et la mondialisation qui s'impose à la société. Il y a cinquante ans, qui aurait pu imaginer que le continent africain connaîtrait un nouvel environnement favorisé par ces facteurs ? Ces facteurs à leur tour pourraient devenir les trois pôles du nouveau paradigme dont l'entrée est imminente, à moins qu'il ne soit déjà là !

Face à la fertilité religieuse, la théologie doit choisir son langage d'une manière judicieuse. Il n'y a de plus malheureux que de parler un langage que la génération présente ne comprend pas. Nous nous demandons justement si l'absence d'un langage intelligible dans les églises d'aujourd'hui n'est pas l'une des raisons pour lesquelles « les *églisettes* de tous acabits, les prophètes d'opérette et les évangélisateurs de pacotille », selon les termes de Kä Mana, attirent de nombreux chrétiens et non-chrétiens en Afrique[25]. Nous ne donnons aucunement raison à ces soi-disant prophètes et évangélisateurs. Nous ne disons pas non plus qu'ils parlent un langage approprié à la génération présente. Ils exploitent plutôt le désarroi de ces chrétiens et non-chrétiens en ces temps qui courent. Ils tuent en eux la créativité et l'esprit critique. Ils les empêchent de faire usage de leur intelligence afin de les prendre en otage et les asservir psychologiquement.

Un langage est intelligible quand les interlocuteurs accueillent avec joie le message de Dieu après l'avoir intellectuellement compris. Ils se laissent pénétrer par la pensée de Dieu jusque dans la profondeur de leur être et se laissent transformer par Dieu dans tous les coins et recoins de leurs vies. La fertilité religieuse de l'Afrique d'aujourd'hui peut être d'une grande bénédiction pour l'Église dont la joie sera immense de voir une multitude d'hommes et de femmes se convertir à Christ, et entrer dans le Royaume. Mais elle peut également être source de malheur, quand le plus grand nombre se dit chrétien sans passer par la douloureuse expérience de la repentance ou sans avoir compris clairement et correctement le message de Dieu. Tout est donc question de langage.

La démocratie comme l'un des trois facteurs favorisant l'avènement du nouveau paradigme ou l'un des trois pôles de ce paradigme, doit également être prise en compte dans l'entreprise théologique. Le concept de la démocratie telle qu'elle est définie dans les Temps modernes, est étranger aux cultures africaines. Car c'est un concept né dans l'antiquité grecque que Jean Calvin prenait à son compte à Genève, d'abord dans son église et ensuite dans la cité même. L'Afrique n'aurait pas choisi la démocratie, tant le caractère étranger la repousse. Elle l'accueille cependant tant bien que mal mais comme un discours étranger dont elle

---

[25] KÄ MANA, *Christianismes africains, construire l'espérance,* Cotonou, Bénin, Pentecôte d'Afrique Éditions, 2004, p. 44.

n'est pas entièrement convaincue[26]. Elle aimerait bien l'adapter à son goût. Certains théologiens parlent d'ailleurs de « démocratie tropicalisée ». Elle favorise essentiellement la libre entreprise et la liberté d'expression dans les églises et ailleurs. Le phénomène de prolifération de petites églises et de « ministères » s'explique par l'avènement de la démocratie en Afrique. Il est relativement facile de créer « une église » ou de mettre sur pied « un ministère ». C'est une entreprise rentable à court terme. Quelle attitude l'église doit tenir face à ce phénomène ? Ou mieux encore, quelle attitude la théologie doit-elle proposer, enseigner ou inculquer à l'église, qui se voit surprise par ce phénomène ? Cette question mérite une réflexion théologique sérieuse.

Face à la mondialisation, de quelle théologie l'Église en Afrique a-t-elle besoin pour remplir convenablement et fidèlement sa mission ? L'un des buts de la mondialisation est de mettre *le monde* à la portée de chacun et de tous. C'est dire que chacun peut avoir accès à tout, à tout moment et en tout lieu, au moins virtuellement. Cela apparaît comme un atout énorme pour l'homme du XXIe siècle parce qu'il pense disposer de tout. Mais avec un minimum de réflexion, nous nous rendrons compte que l'homme subit la mondialisation plutôt qu'il en bénéficie *librement*. Ses effets et ses méfaits se font malheureusement sentir dans l'Église. La théologie a donc un rôle à jouer, par exemple en communiquant les valeurs chrétiennes, comme nous l'avons déjà dit. Elle doit aider l'Église et les chrétiens, mais aussi les non-croyants à gérer correctement la mondialisation pour ne pas la subir.

Enfin, nous trouvons la justification d'une entreprise théologique nouvelle dans l'Écriture. Nous parlons donc de fondement biblique de l'initiative théologique en Afrique, ou dans toute autre culture du monde. En effet, selon les textes bibliques que nous avons vus plus haut, faire comprendre la pensée de Dieu aux hommes dans leur environnement est une exigence de l'Évangile.

---

[26] Il y a un malentendu qu'il faut lever. La démocratie des Temps modernes s'exprime essentiellement par des élections dites libres et transparentes. Il faudra peut-être prendre en considération le système qu'avaient les royaumes d'avant la colonisation. Dans beaucoup de cultures africaines, les chefs, et en particulier le roi, consultaient le peuple avant de prendre une décision. En d'autres termes, la démocratie ne passait pas nécessairement par les élections et le système bicaméral !

Chapitre 4

Cheminement historique

I. Tentatives d'évangélisation en Afrique

Nous choisissons, presque arbitrairement, trois exemples de tentatives d'évangélisation ayant eu lieu avant l'avènement de l'ère coloniale. Elles véhiculent un message théologique fort à l'Église en Afrique aujourd'hui. La première tentative date du XVe siècle, quand les Portugais, les plus grands voyageurs d'alors, venaient évangéliser le Royaume du Kongo. Les résultats furent probants puisqu'il y avait de nombreuses conversions dont celle de Dona Béatrice, connue comme prophétesse et comme princesse. Ces résultats s'avéraient toutefois éphémères à cause des guerres successives que le Royaume devait gérer, dit-on, mais pour des raisons essentiellement théologiques, pensons-nous.

De l'autre côté de l'Afrique, des missionnaires français évangélisaient les autochtones de la Basse Côte d'Ivoire en 1637[27]. Le roi d'Assinie, comme Dona Béatrice du Kongo, se convertissait au christianisme, et entraînait avec lui dans la nouvelle religion plusieurs membres de

---

[27] Michel BEE, « La mission en Basse Côte d'Ivoire entre 1895 et 1930 », vol.1 (Thèse de 3e cycle à la Faculté des Lettres et Sciences Humaines), Sorbonne, Paris, 1970, p. 2ss.

sa famille. Mais cette entreprise d'évangélisation n'a pu durer. Les missionnaires ont reconnu leur échec qui était essentiellement dû au manque de connaissance du milieu. Ainsi fut créée à Lyon la Société des Missions Africaines dont le but était de connaître l'homme africain et son milieu et lui apporter la Bonne Nouvelle.

Au sud de Madagascar, pour prendre un exemple venant de l'autre extrémité de l'Afrique, la congrégation de Saint Vincent de Paul, appelée communément la congrégation des Lazaristes, envoyait des missionnaires en 1648[28]. Au départ, le travail semblait prendre racine, car bon nombre de Malgaches s'intéressaient au christianisme. Des cours de catéchèse furent élaborés en malgache ! La congrégation avait du coup deux grandes difficultés à surmonter : l'adoption de l'alphabet latin alors que les Malgaches avaient déjà l'écriture arabe[29], et la traduction du catéchisme, plutôt que de la Bible. Après trois décennies de dur travail, les Lazaristes ont dû abandonner l'œuvre, avouant ainsi leur échec. L'un des responsables, Chan-Mouie déclarait qu'il était extrêmement difficile de convertir les Malgaches. Le christianisme était perçu comme une religion européenne et de ce fait il constituait une grave menace non seulement à la souveraineté du roi de la localité mais aussi à la dignité de son peuple. En 1617 les Portugais avaient déjà été à Madagascar pour l'évangélisation. Ils étaient contraints de quitter la Grande Ile au bout de quelques mois. Ils considéraient les Malgaches comme des êtres sans âmes[30].

Nous pouvons affirmer que l'origine de ces échecs était surtout d'ordre théologique. Pour le cas du Kongo, le but des Portugais était la christianisation plutôt que l'évangélisation. Ils voulaient faire des Kongos des chrétiens à l'image des Portugais. Concernant l'évangélisation de la Basse Côte d'Ivoire, les missionnaires eux-mêmes ont reconnu les failles dans leur action. Il leur manquait une missiologie adéquate, c'est-à-dire un discours théologique sur la mission dont la connaissance du milieu était une exigence de première importance. Enfin, les Lazaristes

---

[28] Congrégation de la Mission, *Le Christianisme dans le Sud de Madagascar : Mélanges à l'occasion du centenaire de la reprise de l'évangélisation du Sud de Madagascar par la Congrégation de la Mission (Lazaristes),1896-1996*, Fianarantsoa, Ambozontany,1996.

[29] L'adoption officielle de l'alphabet latin n'aura lieu qu'au début du XIXᵉ siècle sous le règne de Radama 1er.

[30] Philippe CHAN-MOUIE, « La première évangélisation des Lazaristes : 1648-1674, Peut-on parler d'un échec ? », dans Congrégation de la Mission, sous dir., *Le Christianisme dans le Sud de Madagascar, 1896-1996*, Fianarantsoa, Ambozontany,1996, p. 11ss.

venus à Madagascar accusaient les Malgaches d'être incapables de saisir la foi. Tout comme le cas de la Basse Côte d'Ivoire, il leur manquait la connaissance du milieu, surtout de la culture d'accueil et de la langue. L'exemple de la traduction du « Notre Père » en malgache faite par les Lazaristes en témoigne. Non seulement elle trahissait le texte dans l'original grec en plusieurs endroits, mais également elle n'était pas intelligible aux Malgaches. Ils avaient du mal à comprendre ce que chaque phrase voulait dire. Ainsi, le « Notre Père » en malgache ressemblait à une formule liturgique que les autochtones convertis devaient réciter sans en comprendre le sens, sans doute pour plaire aux missionnaires, ou pour signifier leur adhésion à la nouvelle religion qu'était le catholicisme[31].

Dans les trois cas, l'essentiel de l'entreprise missionnaire était l'enseignement du catéchisme dépourvu de théologie. Or tout acte ecclésial doit être soutenu par une théologie adéquate et toute pratique pastorale doit reposer sur une théologie.

2. Réactions des autochtones

En 1889, Mojola Agbebi déclarait déjà : « Pour que le christianisme devienne autochtone en Afrique, il faut qu'il soit arrosé des mains autochtones, émondé par la hache autochtone et nourri de la terre autochtone[32]. » C'est une prise de conscience de la part d'un penseur nigérian qui sentait le caractère étranger du christianisme à la fin du XIXᵉ siècle, à l'heure où la civilisation occidentale faisait son entrée en Afrique. Agbebi a compris qu'un christianisme à coloration étrangère n'aura qu'un impact superficiel en terre africaine.

Les spécialistes des religions traditionnelles comme Harold Turner, affirment que les chrétiens autochtones réagissent contre la culture occidentale au bout d'une soixantaine d'années de présence missionnaire. Cette affirmation est vérifiée pour le cas du Congo belge où le prophète

---

[31] Précisons toutefois que le « Notre Père » dans la Bible de traduction catholique est nettement meilleur. Cette traduction est admirée pour la simplicité du langage que les traducteurs ont choisi.

[32] T. TIÉNOU, « La théologie africaine, description du paysage, réaction des évangéliques », conférence donnée au Colloque des Amis de la Théologie à Abidjan en juin 1999 [non publié], p. 14. La traduction est de lui. On remarquera qu'il rend le terme *indigenous,* par « autochtone ». Nous verrons plus loin que le terme « indigène » fait partie des termes appartenant au langage colonial de l'anthropologie, entachés de mépris.

Simon Kimbangu annonçait en 1921 l'Évangile à la manière congolaise et sans la bénédiction de la Baptist Missionary Society de Londres arrivée au Congo en 1848. Cette activité d'évangélisation n'a duré que six mois mais on ne peut négliger son impact sur le peuple congolais[33]. C'est aussi le cas des pères des réveils malgaches depuis l'année 1894. Ces prophètes et pères de réveils adoptaient une approche culturelle pour gagner les autochtones à Jésus-Christ. Ils ont ainsi opté pour la théologie de l'inculturation avant la lettre.

D'autre part, l'émergence et la prolifération des Églises Indépendantes Africaines depuis le début du XXe siècle doivent être perçue comme une réaction heureuse ou malheureuse, selon le cas, contre l'occidentalisation de la foi. La plupart des fondateurs de ces églises osaient penser autrement afin d'agir efficacement. Comme Agbebi, ils croyaient que l'enracinement du christianisme en Afrique était une exigence. On compte actuellement des dizaines de milliers d'Églises Indépendantes Africaines avec des ramifications en Europe et aux États-Unis. Certaines ont des bases bibliques, d'autres sont plus africaines que bibliques, et d'autres par contre frisent le syncrétisme.

3. Deux ouvrages en date

a) La philosophie bantoue

En publiant son livre « La philosophie bantoue » en 1945, et à la Présence Africaine en 1948, le franciscain belge Placide Tempels remettait en question non seulement la philosophie scolastique comme la seule philosophie valable et philosophie de base de la théologie catholique, mais aussi l'hégémonie de la civilisation occidentale. Le contenu de ce livre intéresse les penseurs africains à plus d'un titre. Tempels y développe des thèmes aussi fondamentaux que l'ontologie, la sagesse, l'anthropologie et l'éthique dans la perspective bantoue.

L'ontologie qui traite de l'être et de la vie, situe l'homme au centre de la création[34] et lui confère la gestion de « la force vitale », laquelle est à la base de l'existence et des relations entre les hommes et entre les éléments

---

[33] Parlant d'impact du ministère de Kimbangu, et surtout de ses prédications, nous faisons allusion moins à l'église indépendante qui porte son nom qu'au peuple congolais en général.

[34] P. TEMPELS, *La philosophie bantoue*, Paris, Présence Africaine, 1948, p. 44ss.

de la nature[35]. L'ontologie bantoue est à la base de la vision du monde chez de nombreux peuples au Sud du Sahara.

La philosophie bantoue traite du discours sur la sagesse selon les critères bantous. Elle fait une distinction nette entre les connaissances philosophiques et les sciences naturelles[36]. Les premières s'acquièrent par le biais des anciens tandis que les dernières sont à la portée de tous. Les Bantous distinguent alors les idées des choses concrètes, le métaphysique du physique sans pour autant les séparer l'un de l'autre, ni les opposer l'un à l'autre, comme on le ferait dans le paradigme des Temps modernes.

L'anthropologie bantoue traite de la personne et sa psychologie. Elle a un intérêt particulier pour le « Muntu », l'individu qui est par nature porteur d'une force vive[37]. Cette force vive l'anime, l'affaiblit ou le rend fort. Elle détermine sa personnalité. Cette perception de l'homme chez les Bantous nous rend conscients que l'être humain est d'une importance capitale et qu'il est revêtu d'une dignité qu'aucun être animal ou végétal ne peut avoir. L'éthique dans la perspective bantoue établit les normes de vie, qui permettent de distinguer le bien du mal. Elle responsabilise l'individu lequel est doté d'une force vive.

Tempels termine son livre par un chapitre sur « La philosophie bantoue et notre mission civilisatrice ». Ce chapitre est hautement révélateur d'un malaise qui existait entre deux systèmes de valeur, celui des Bantous et celui de l'Occident. Mais Tempels ne fait pas de procès. Il pose des questions auxquelles les Africains eux-mêmes doivent répondre : Le livre ouvre-t-il de nouvelles perspectives surtout aux éducateurs formés dans la philosophie occidentale ? La réflexion sur la philosophie bantoue ouvre-t-elle la voie à de nouveaux horizons ? La philosophie bantoue peut-elle servir de base à une civilisation bantoue ? Ces questions sont fondamentales et seront étudiées en profondeur par les penseurs africains.

---

[35] Le concept de « force vitale » sera repris et développé par d'autres théologiens. La lecture du livre de Barnabé ASSOHOTO sur le sujet donnera de plus amples informations (*Le salut en Jésus-Christ dans la théologie africaine*, Cotonou, CART, 2002).

[36] TEMPELS, *La philosophie bantoue*, p. 53ss.

[37] *Ibid.*, p. 66ss. « La force vive » du Muntu doit être différente de « la force vitale ». Nous reconnaissons les difficultés que les théologiens et les anthropologues rencontrent quand ils ont à traduire des concepts africains qui n'ont pas d'équivalent en français. Certains théologiens utilisent les termes « flux vital » ou « énergie vitale ».

La publication de ce livre suscitait des réactions aussi diverses que contradictoires. Pour certains théologiens, surtout occidentaux, les Bantous ne pouvaient pas avoir de philosophie car ils n'avaient pas la tradition de l'écriture. Ils considéraient l'œuvre de Tempels comme une pure construction de l'esprit. Pour d'autres, surtout des Africains, conceptualiser la philosophie bantoue c'était la trahir. D'autres encore, notamment les Africanistes, accusaient Tempels de récupération. Nous disons de notre part qu'aucun peuple au monde ne peut vivre sans philosophie, qu'elle soit écrite ou non. Comment en effet peut-on vivre sans une manière d'être, sans un minimum de sagesse communiquée et transmise de génération en génération oralement, à défaut de l'écrit ? Ces principes de vie et de sagesse sont véhiculés par des contes, des proverbes ou des enseignements divers. Tempels a le mérite de fixer par écrit ces principes de vie et de sagesse. Ce livre déclenchera un grand mouvement littéraire et théologique incontestable, et préparera les penseurs africains à une nouvelle ère.

b) Des prêtres noirs s'interrogent

En 1956 est sorti aux Editions du Cerf un livre collectif portant le titre : *Des prêtres noirs s'interrogent*. Certains théologiens le considéraient comme un manifeste des théologiens africains étudiant ou résidant en Europe. Le terme « manifeste » était bien en vogue à la veille des indépendances africaines. Le livre invite surtout à un projet théologique pour l'Afrique. Il faisait sans doute écho au livre de Tempels publié dix ans auparavant. Il convient de mentionner quelques auteurs de ce livre collectif :

– **Meinrad Hebga du Cameroun : grâce à lui et aussi à d'autres penseurs, Yaoundé deviendra un grand foyer théologique qui produira des théologiens à la hauteur d'un Jean-Marc Ela et Engelbert Mveng, mais aussi des écrivains et essayistes tels qu'Achille Mbembe. Quelques décennies plus tard, l'Université Catholique de l'Afrique Centrale verra le jour à Yaoundé.**

– **Alexis Kagamé du Rwanda, connu pour ses ouvrages dont le message transcende les frontières et les confessions chrétiennes.**

– **Vincent Mulago du Congo (belge), connu pour son attachement**

à la théologie de l'adaptation, mais aussi pour ses écrits sur le mariage. Mulago est également un animateur théologique de grande envergure à la Faculté de Théologie Catholique de Kinshasa et au Centre d'Études des Religions Africaines dans la capitale congolaise.

Deux chapitres nous intéressent plus particulièrement dans ce livre : « Nécessité d'adaptation missionnaire chez les Bantu du Congo » de Vincent Mulago, et « Christianisme et négritude » de Meinrad Hebga. Rien que par les titres, le livre exprime ses affinités avec celui de Tempels.

Dans le chapitre « Nécessité d'adaptation missionnaire chez les Bantu du Congo » de Mulago, nous repérons entre autres trois idées-forces, originales pour le contexte de pré-indépendance : L'exigence du questionnement, la nécessité de connaître les religions africaines et les principes d'adaptation. Mulago pose une question sur le succès de l'œuvre missionnaire en ces termes : « Est-ce un succès complet que ce magnifique mouvement vers le christianisme en Afrique ? Ce que nous voyons fleurir est-il enraciné dans l'âme de l'Africain, ou est-ce simplement une expression de l'européanisation générale du continent noir ?[38]

Courageux et sincère, Mulago pose une question audacieuse dans un contexte colonial où penser autrement et agir indépendamment de l'Occident pouvait constituer une menace, surtout pour les Congolais dont le pays était une propriété personnelle du roi Léopold II. Il doutait de « la pénétration de la pensée, du cœur et de l'âme à évangéliser[39] » par la méthode missionnaire. Il redoutait le retour au paganisme de certains chrétiens. Certes, il reconnaissait que l'Église congolaise était dynamique et les signes de croissance étaient bien évidents. Mais malheureusement des chrétiens étaient toujours tentés de retourner chez les devins ou les féticheurs en temps difficiles.

À cause du risque réel que les chrétiens couraient de retourner au paganisme, Mulago proposait une étude sérieuse des religions préchrétiennes que les missiologues appellent de nos jours religions traditionnelles africaines (RTA). Il dit à cet effet : « Il faut aller à

---

[38] V. MULAGO, « Nécessité d'adaptation missionnaire chez les Bantu du Congo », dans *Des prêtres noirs s'interrogent*, Paris, Les éditions du Cerf, 1956, p. 21.

[39] *Ibid.*, p. 24.

l'essentiel, creuser, fouiller, déblayer avec patience le terrain rocailleux des superstitions, entreprendre un laborieux pèlerinage aux sources de la pensée nègre pour y trouver les valeurs préchrétiennes[40]. »

Par cette proposition, Mulago fait comprendre que la foi restera superficielle tant que le passé religieux de l'Africain ne sera pas exploré et compris. Plus tard, le missiologue et historien presbytérien Kwame Bediako ira exactement dans le même sens et recommandera l'étude académique des religions anciennes africaines pour une meilleure appropriation de la nouvelle religion qu'est le christianisme. En recommandant l'exploration des religions anciennes, le théologien congolais reprochait au christianisme missionnaire de faire table rase du passé religieux de l'homme africain.

Il y a ici un point théologique important à souligner que Mulago sous-entend. À son avis, le passé de l'homme africain n'est pas totalement mauvais, puisque la nature humaine garde en elle un fond naturellement bon, bien qu'elle soit blessée par le péché originel[41]. C'est dire que les religions traditionnelles gardent en elles des éléments positifs et en harmonie avec des dogmes de l'Église.

Il terminait sa contribution par un paragraphe sur les principes d'adaptation. « L'adaptation, dit-il, n'est rien d'autre que la présentation du message chrétien par son aspect le plus en harmonie avec les aspirations du peuple à gagner à Christ[42]. » Cette définition de l'adaptation restera valable pendant plusieurs années, dans les différents débats sur la théologie africaine. Mulago sera d'ailleurs perçu comme l'un des pères de la théologie de l'adaptation au cours des années 1960, et sans doute jusqu'en 1974 date à laquelle l'Église catholique en Afrique par ses pères synodaux recommandait l'inculturation à la place de l'adaptation. Mulago engageait le théologien africain à découvrir l'aspect du dogme catholique qui répond le mieux à l'attente du peuple.

Dans son chapitre intitulé « Christianisme et négritude », le théologien camerounais Meinrad Hebga traite de la rencontre entre le christianisme venu d'ailleurs et le nègre, le terme est de lui. Dans les

---

[40] *Ibid.*, p. 22.

[41] Nous faisons remarquer ici que cette théologie est fondamentalement thomiste, elle s'oppose radicalement à la pensée de la Réforme qui affirme que la nature humaine est totalement dépravée par le péché originel.

[42] MULAGO, « Nécessité d'adaptation missionnaire », p. 33.

années 1950, le concept de la négritude était déjà clairement compris dans le milieu intellectuel tant africain qu'européen, grâce à Léopold Sédar Senghor et Aimé Césaire. Hebga pose alors la question de « la compossibilité » entre négritude et christianisme[43]. D'une part, il se demande si le nègre peut saisir le christianisme comme une occasion d'épanouissement et de réalisation de l'homme noir ou plutôt comme un obstacle à son bien-être. D'autre part, il se demande si le christianisme venu d'ailleurs peut accueillir le nègre. L'enjeu lui semble important et se pose en ces termes : « Comment la négritude peut-elle être assumée par le christianisme sans s'y perdre ni se renier ? » Il précise que la négritude n'est pas plus une question ontologique ou psychologique qu'une question de comportement dans le monde environnant[44]. En termes plus clairs, pour lui la négritude est moins une question de pigmentation de la peau qu'une question d'attitude vis-à-vis de la civilisation ambiante ou du christianisme contemporain.

Il faut donc définir ou connaître l'attitude du nègre ou son comportement face au message délivré par le christianisme. Meinrad Hebga exprime sa reconnaissance aux docteurs de l'Église tels que Saint Augustin et Saint Thomas d'Aquin pour avoir rendu intelligibles les vérités divines par une formulation appropriée et adéquate – pour la culture occidentale. Mais il aurait préféré « des mets de notre pays[45] ». L'exemple de la musique que Hebga prend explique bien la manière dont le christianisme occidental a délivré le message de Dieu. La musique de Sébastien Bach ou celle de Wagner parlent bien aux initiés et les font peut-être frémir ou même pleurer, car le message fait vibrer leur être entier. Le nègre, quant à lui, se laisse interpeller et pénétrer par le rythme saccadé des tam-tams. Hebga veut dire par-là qu'il faudra un autre discours que celui de Rome ou une autre musique que celle de Bach à l'homme africain d'aujourd'hui.

Le livre *Des prêtres noirs s'interrogent* a le mérite de formuler publiquement des vérités théologiques jusque-là ignorées ou méconnues par la hiérarchie catholique tout en restant loyal dans son contenu à

---

[43] Meinrad HEBGA, « Christianisme et négritude », in *Des prêtres noirs s'interrogent*, Paris, Les éditions du Cerf, 1956, p. 190. Nous pouvons comprendre le terme « compossibilité » de Hebga dans le sens de compatibilité, c'est-à-dire le fait que le christianisme et la négritude puissent vivre ensemble en harmonie dans l'Église et ailleurs.

[44] HEBGA, « Christianisme et négritude », p. 195.

[45] *Ibid.*, p. 200.

l'Église et au Pape. Il n'y a donc eu de la part « des prêtres noirs » ni révolution ni concession. C'est probablement la raison pour laquelle Marcel Lefèvre, Archevêque de Dakar et Délégué Apostolique pour l'Afrique noire française de l'époque, le plus intégriste dans la hiérarchie n'avait pas hésité à le préfacer.

4. Développement de la théologie africaine

L'appellation « théologie africaine » n'est pas admise par la majorité des chrétiens, notamment protestants, parce que le qualificatif « africain » renvoie, selon eux, au fétichisme, à la sorcellerie et aux superstitions. Dans notre perspective, l'expression désigne le projet d'élaborer une théologie en Afrique pour répondre aux besoins du peuple de Dieu sur le continent. Il s'agit donc d'une théologie chrétienne, qui repose sur les données bibliques, conçue, élaborée et développée dans le contexte africain. Nous devons cependant reconnaître l'existence de plusieurs courants de théologie africaine. Certains courants insistent sur l'importance de la culture et des religions traditionnelles africaines, d'autres s'intéressent aux pratiques et aux rites comme objet essentiel de la théologie, d'autres encore se soucient de la pertinence du message divin et de son impact sur les peuples africains et à terme sur le monde. Dans le développement de la pensée, deux voies se dessinent : la voie catholique et la voie protestante.

a) La voie catholique

Le Colloque sur les religions organisé à Abidjan en avril 1961 apparaît comme un événement déterminant pour le développement de la théologie en Afrique. Il réunissait des responsables d'église venus des quatre coins du continent. Il faut noter la participation des théologiens catholiques comme Jean Daniélou, Placide Tempels et du sociologue catholique Fernand Lafargue. Du côté protestant, il y avait John Mbiti et Kwesi Dikson, pour ne citer qu'eux. Les écrivains Bernard Dadié et Hampâté Bâ ont aussi apporté leur contribution à la réflexion sur les religions africaines.

La contribution de Melville Herskovits semblait être l'une des plus significatives à ce colloque. Son exposé sur « La structure des religions africaines » posait une base saine à la réflexion sur les religions anciennes, d'abord en purifiant le vocabulaire ambiant et ensuite en donnant les éléments essentiels qui constituaient ces religions. Herskovits tenait à faire remarquer que les travaux sur ces religions étaient « confiés » à des non Africains. Or ces derniers étaient tous exposés à des problèmes de concepts et imprégnés de l'anthropologie coloniale. Ainsi, selon eux, les religions africaines sont caractérisées par la superstition, la sorcellerie, les fétiches et les gri-gri[46]. Elles sont qualifiées d'animisme. Selon Edward Taylor, « l'animisme caractérise les tribus placées à un très bas échelon de l'humanité (. . .)[47] ». Herskovits donnait ensuite les éléments constitutifs des religions africaines : Le grand Dieu créateur au sommet de la hiérarchie, les divinités qui s'associent aux créatures, les esprits locaux, les ancêtres, le destin et enfin la magie[48]. Herskovits invitait les participants, mais aussi nous qui sommes du XXIe siècle à réfléchir sur les concepts religieux plutôt que sur les pratiques.

Cependant, les plus grands débats sur l'initiative théologique des Africains ont eu lieu au cours des années 1960 à la Faculté de Théologie Catholique de Kinshasa, considérée à l'époque comme le plus important centre de réflexion et de production théologique en Afrique. Deux théologiens s'y affrontaient, le doyen Albert Vanneste de nationalité belge et l'étudiant Tharcisse Tshibangu. Vanneste soutenait que la théologie de Rome est universelle. Il avait bien peur qu'en créant leur propre théologie, les théologiens africains ne se marginalisent et ne deviennent ainsi que des théologiens de seconde zone. Il proposait alors aux théologiens africains de s'occuper des applications de cette théologie au contexte africain. En d'autres termes, Vanneste admettait que la théologie pastorale soit africaine mais n'acceptait pas que la théologie de Rome soit remise en question. Cependant, tout au long des débats au sein de la faculté, Vanneste modérait progressivement sa position et admettait que les théologiens africains devaient contribuer à l'élaboration de la théologie « mondiale ».

---

[46] M. HERSKOVITS, « La structure des religions africaines », dans *Colloque sur les religions*, Paris, Présence Africaine, 1962, p. 72.

[47] Cité par HERSKOVITS, « La structure des religions africaines », p. 73.

[48] HERSKOVITS, « La structure des religions africaines », p. 77.

Tshibangu avait une vue plus radicale que son maître. Pour lui, la théologie thomiste frise un intellectualisme infécond. Les Africains y ont difficilement accès pour des raisons culturelles. Il faut rappeler que la théologie thomiste, comme théologie officielle de Rome avait pour souci premier l'intellectualisation de la foi, ou la saisie de la foi par la raison, suivant la démarche d'Aristote. Le jeune théologien congolais ne voyait pas toute l'utilité d'une telle théologie en Afrique. Il faut, dit-il, une théologie qui parle à l'Afrique et qui touche son cœur.

Vincent Mulago, l'un des auteurs du livre *Des prêtres noirs s'interrogent*, avance l'idée de théologie de l'adaptation, appelée aussi théologie de pierres d'attente. Cette théologie vise, selon lui, à accueillir « les éléments tirés du champ socioculturel et socioreligieux africain pour les intégrer au grand système du christianisme ». Mulago marquait ainsi sa loyauté à la théologie de Rome tout en exprimant la volonté de la rendre accessible aux Africains. Il proposait une prise en compte des aspirations du peuple à gagner à Christ dans le travail théologique. Pour Mulago, le théologien doit avoir à cœur de découvrir l'aspect du dogme catholique qui répond le mieux à ces aspirations[49].

Un fait important marquait le développement de la théologie africaine. Il s'agit de la création du Centre d'Études des Religions Africaines en 1967 au sein de la faculté à Kinshasa. Elle renforçait l'idée de faire des religions africaines l'objet primordial de recherche et d'étude sur le plan académique en vue d'élaborer une théologie qui soit appropriée en Afrique. Ce centre produira de nouvelles idées au service de la théologie et de l'église.

En 1974 à Nairobi, le Symposium des Conférences Episcopales d'Afrique et de Madagascar (SCEAM) optait officiellement pour la théologie de l'inculturation. Les évêques laissaient ainsi de côté la théologie de l'adaptation qu'ils jugeaient incapable de répondre aux besoins de l'Afrique par manque de créativité et d'imagination.

Le Synode des Evêques Africains tenu à Rome en 1994 sur « l'Église, Famille de Dieu », insistait encore sur l'urgence de l'inculturation (Les 64 propositions : 29). L'article 32 déclarait : « L'inculturation est un cheminement vers la pleine évangélisation. Elle cherche à prédisposer

---

[49] MULAGO, « Nécessité d'adaptation missionnaire », p. 38.

les personnes à recevoir Jésus-Christ dans son intégralité. » L'accent est cependant mis sur l'inculturation de la liturgie, « à condition de ne pas en changer les éléments essentiels » (34). Il faut donc souligner que l'inculturation au sens catholique concerne surtout les rites.

b) La voie protestante

Il faut d'abord expliquer le silence des protestants et évangéliques en matière de mission et de réflexion sur les religions africaines, jusqu'en 1958, alors que les catholiques s'intéressaient à l'Afrique depuis le début du XVIe siècle. Trois faits historiques aident à comprendre ce silence et ce manque d'intérêt pour le continent. D'abord, la conscience missionnaire des protestants est née seulement vers la fin du XVIIIe siècle. Certes, depuis la Réforme au XVIe siècle, les calvinistes et les huguenots voyageaient à travers le monde et découvraient pratiquement les mêmes pays que les missionnaires catholiques de diverses congrégations[50]. Les Jésuites étaient partis au Japon et en Chine, les Lazaristes à Madagascar et les Capucins au Dahomey, pour ne donner que ces exemples. Les protestants, pour la plupart hollandais, s'intéressaient surtout au commerce. Les premiers missionnaires protestants arrivèrent en Afrique au début du XIXe siècle. Le deuxième fait concerne l'effort de certains missionnaires protestants de connaître la culture des autochtones. Ils ont traduit la Bible dans les langues africaines[51] et ont participé ainsi au développement de la littérature autochtone. C'est dire que ces missionnaires étaient sensibles à la culture d'accueil bien qu'ils aient rejeté dans leur totalité les religions traditionnelles. Enfin, une deuxième frange du protestantisme n'est venue en Afrique que dans la première moitié du XXe siècle. Les missions évangéliques issues du mouvement dit « Faith Missions » font partie de cette frange. Dans leurs milieux, la théologie n'était que d'une seconde importance.

---

[50] On se rappelle le débat sur le concept « mission ». Les revivalistes issus des Réveils des XVIIIe et XIXe siècles pensaient que Jean Calvin n'avait pas la conscience missionnaire. Il fallait attendre plusieurs siècles pour que les protestants envoient des missionnaires outre-mer. Il faut préciser que Calvin avait horreur du concept qui renvoyait aux soldats romains expédiés dans certains endroits de l'empire, et en particulier en Palestine pour « pacifier ». On parlait d'expédition missionnaire. *Missio* est donc lié à *Pax Romana*. Dans les Temps modernes, les Jésuites sont les premiers à utiliser le terme *mission* et aussi les premiers à partir comme missionnaires jusqu'en Orient.

[51] Le livre de SCHAAF, *L'histoire et le rôle de la Bible en Afrique*, Nairobi/Lomé/Yaoundé/Lavigny, CETA, HAHO, CLE, Editions des Groupes Missionnaires, 2000, donne de plus amples informations sur la traduction et la diffusion de la Bible en Afrique.

Les premiers débats entre théologiens protestants sur la théologie en Afrique ont eu lieu à la Conférence des Églises d'Afrique tenue en 1958 à Ibadan. Cinq groupes de réflexion ont été constitués pour traiter des sujets tels que l'Église et la famille, la vie économique, L'Église et la cité, l'Église, la culture africaine et l'islam, et la croissance de l'Église. Le groupe IV réfléchissait notamment sur l'apport de la culture dans le culte chrétien et donnait des recommandations en matière de relation entre le christianisme et la culture. La plupart des participants étaient des non Africains dont Visser't Hooft du Conseil Œcuménique des Églises. C'est dire qu'à la fin des années 1950, il y avait peu de théologiens protestants africains, et encore moins d'auteurs qui avaient à cœur la prise en compte de la culture dans la théologie.

En 1963 est créée la Conférence des Églises de Toute l'Afrique (CETA), perçue comme la branche africaine du Conseil Œcuménique des Églises. Elle jouera un rôle important dans l'animation théologique en Afrique. Trois ans après sa création, elle tenait une rencontre théologique à Ibadan sur le thème « Religions et cultures africaines ». Un certain nombre de théologiens s'y faisaient connaître par leurs interventions sur toutes les questions relatives aux réalités africaines : le Ghanéen Kwesi Dickson devenu plus tard président de la CETA, le Nigérian Bolaji Idowu et le Kényan John Mbiti, pour ne citer qu'eux. Ces théologiens contribueront d'une manière décisive aux débats concernant les religions traditionnelles africaines et la théologie. Les participants à cette conférence concluaient les travaux par une phrase percutante : « La théologie se fera en Afrique ou elle n'est pas africaine ».

En 1974, le Kényan John Gatu évoquait aux églises africaines l'idée d'opposer un moratoire aux agences missionnaires. Il pensait que la présence massive des missionnaires occidentaux et de leur argent en Afrique constituait une entrave au développement et à la croissance des églises en Afrique. John Gatu ne cherchait pas à chasser les missionnaires, ce serait faire preuve d'ingratitude. Il voulait plutôt que les églises se prennent en charge, non seulement sur le plan du leadership et sur le plan économique, mais aussi dans le domaine de l'entreprise théologique. La décision du moratoire fut prise par la CETA à son assemblée générale à Lusaka, Zambie en 1974, et présentée au COE à Nairobi lors de son assemblée générale en 1975. Alors les agences missionnaires devaient réduire l'effectif de leur personnel et suspendre les aides financières. Mais, la décision n'a pas été suivie d'action.

Du côté de l'Association des Évangéliques d'Afrique (AEA), la conférence à l'Université de Nairobi donnée par le Nigérian Byang Kato, son secrétaire général constitue un événement. Il y exprimait son inquiétude à l'égard de la théologie africaine et la théologie noire. Son exposé publié *post mortem* dans des revues théologiques telles que *Revue Réformée* de 1975 servait de référence. Kato percevait la théologie africaine comme une théologie qui traitait plutôt des religions africaines que de la foi chrétienne. Il mettait en garde les chrétiens contre le syncrétisme que risquait une telle entreprise théologique. La polémique sur la question aggravait alors les relations entre les théologiens de la CETA et ceux de l'AEA qui représentaient les deux camps antagonistes du protestantisme : les œcuméniques et les évangéliques.

Cette polémique a révélé deux problèmes majeurs. Le concept de « théologie africaine » n'avait pas le même contenu pour les œcuméniques que pour les évangéliques. Les uns pensaient que la théologie africaine était une entreprise théologique menée par les Africains dans le contexte africain. Les autres croyaient que la théologie était chrétienne, ou elle était africaine. Cependant, après un temps de recul de deux décennies, les deux camps ont fini par se comprendre mutuellement. La pluralité des courants théologiques dans le milieu évangélique a aidé à la compréhension mutuelle. Byang Kato n'en représente qu'un courant. En outre, la plupart des œcuméniques s'identifient aux évangéliques sur le plan théologique. Force est de constater que la différence entre les deux camps protestants relève plutôt des traditions ecclésiastiques et historiques.

En 1985 est créée à Limuru au Kenya, la Fraternité Théologique Africaine (FTA), dirigée par le missiologue et historien ghanéen Kwame Bédiako. Cette association sert de plate-forme aux théologiens, pasteurs et enseignants, et aux institutions théologiques en Afrique. Sa priorité semble la promotion de la formation théologique en christianisme africain au plus haut niveau.

En 1990, dans le cadre de l'animation théologique de la CETA, le Kényan Jesse Mugambi, le Rwandais André Karamaga et le Congolais Kä Mana s'attelèrent à réfléchir sur la théologie de la reconstruction, dont l'Afrique avait besoin. Ce projet était étroitement lié au contexte de l'Afrique d'alors. Tous les États africains étaient parvenus à l'indépendance, la Namibie étant le dernier pays à accéder à l'indépendance. Certains avaient l'indépendance depuis trente ans. Et pourtant l'Afrique restait pauvre, ou peut-être plus pauvre que sous la colonisation. Dans leur démarche, les concepteurs de la théologie de reconstruction ont choisi l'herméneutique de l'Exode. L'affranchissement de l'esclavage perpétré par l'empire égyptien est fait, la traversée du désert du Sinaï est achevée, il reste la reconstruction de la nation. Ainsi, la théologie de la reconstruction incite les églises en Afrique à reconstruire l'Afrique. À la suite de la rencontre de la CETA en 1990, des livres sur la théologie de la reconstruction ont été publiés[52]. Nous constatons cependant que la théologie de la reconstruction présentée et développée dans ces livres est de l'ordre de l'agir. Elle traite de ce que l'église doit faire ou ce que l'Afrique attend de l'église.

Conclusion

Le présent chapitre nous montre que la réflexion sur la théologie africaine, comme entreprise théologique visant l'appropriation du message de Dieu par l'Africain dans son contexte, a fait son chemin. La question de légitimité ne se pose plus. Le théologien congolais Malula a dit avec raison que « l'accouchement était difficile mais l'enfant est nègre ». Cependant, il ne faut pas « se hâter de danser tant que le tam-tam ne donne pas le rythme », comme le dit le proverbe malgache. La légitimité est acquise mais la crédibilité reste à conquérir. L'enfant est nègre mais où est le père ? Cette question nous conduit à la pluralité de pères. Car personne ne peut revendiquer à lui seul la paternité de la théologie africaine pour la simple raison qu'elle est plurielle.

Le paysage de la théologie africaine n'est pas facile à dessiner. Dans le milieu catholique, la théologie de l'inculturation de Julien Penoukou et la théologie de la libération de Jean-Marc Ela sont les plus en vue. Du côté protestant, John Mbiti développe le concept de *praeparatio evangelica*. Il soutient que les religions africaines préparent à l'accueil de l'Évangile. La tendance de Kwame Bédiako se fait de plus en plus sentir.

---

[52] Nous recommandons les livres de Kä MANA, notamment : *Églises africaines et théologie de la reconstruction*, Genève, Centre Protestant d'Études, 1994.

Nous pouvons lui attribuer l'appellation de théologie de la continuité. Elle adopte comme piliers l'histoire et la connaissance académique des religions anciennes. Elle considère l'utilisation des langues maternelles comme incontournable. La théologie féministe, pour sa part, revendique sa place dans le paysage de la théologie africaine. Elle dénonce la lecture « patriarcale » de l'Ecriture par la plupart des théologiens, et invite les chrétiens à la lecture « entre les lignes » de la Bible pour comprendre la place de la femme dans la révélation. Enfin, la théologie noire, bien qu'elle opère (ou ait opéré) exclusivement en Afrique du Sud, peut aussi être considérée comme une théologie élaborée en Afrique et pour l'homme africain. Nous n'oublions pas cependant ses racines dans le contexte noir américain du début du XXe siècle.

Chapitre 5

Trois grands types de théologie

1. Précisions terminologiques

Il nous faut lever les équivoques que posent certains termes utilisés dans la littérature théologique en Afrique ou sur l'Afrique. Les trois appellations suivantes peuvent en effet semer la confusion : théologie contextuelle, théologie africaine et théologie noire. Toute théologie est par définition contextuelle dans la mesure où elle est née et est élaborée dans un contexte historique donné. Il y a lieu de souligner que la théologie a toujours eu comme rôle de répondre aux questions que les chrétiens se sont posées dans leur contexte et ce à la lumière de la Révélation. Cependant dans le langage théologique, l'expression « la théologie contextuelle » sert à désigner le discours qui traite des questions à l'ordre du jour dans un environnement donné. Il faut mettre l'accent sur les termes « à l'ordre du jour », qui font comprendre que les questions à traiter dans la théologie contextuelle sont pertinentes seulement dans un laps de temps donné. Par exemple, en ce début du XXIe siècle, trois thèmes majeurs s'imposent en Afrique, à savoir la démocratie, la femme (*gender issues* comme le disent les anglophones) et le Sida. Le discours de la théologie contextuelle doit par conséquent traiter de front de ces questions considérées comme thèmes majeurs. Dans une dizaine d'années ou plus, l'ordre du jour changera et la théologie contextuelle traitera d'autres termes. L'Université de Kwazulu Natal à Pietermaritzburg, Afrique du Sud, soutenue par la maison d'édition Cluster Publications, est considérée comme l'un des plus grands centres de recherche et de publication pour ce type de théologie.

La théologie africaine, quant à elle, se veut un discours sur Dieu reposant sur la Révélation, et conçu en Afrique par les Africains. Elle est dans ce sens contextuelle comme toute théologie. Mais selon le langage théologique actuel, elle ne fait pas partie de la théologie contextuelle telle que nous venons de la présenter. La Révélation qu'elle traite ne varie pas selon les contextes. C'est une entreprise théologique qui cherche à rendre intelligible le message de Dieu aux hommes. Par conséquent, son champ d'étude et d'actions s'avère beaucoup plus large que celui de la théologie contextuelle. Son objet en est la foi, c'est-à-dire Dieu et tout ce qu'il a dit.

Quelle est alors la situation de la théologie noire vis-à-vis de la théologie africaine dans le langage théologique ? Les réponses à la question varient. Certains théologiens incluent la théologie noire dans la théologie africaine parce qu'elle traite, disent-ils de la dignité et de l'avenir des communautés noires en Afrique du Sud, et dans toute l'Afrique. D'autres par contre lui donnent un statut tout à fait indépendant, compte tenu de son histoire et de son évolution. Nous estimons, pour notre part, que la théologie noire est un type de théologie au même titre que la théologie féministe plutôt qu'un courant dans la théologie africaine.

Nous présentons dans ce chapitre trois types de théologie présents en Afrique : la théologie noire, la théologie féministe et la théologie de l'inculturation.

2. La théologie noire

La philosophie de la Conscience noire (*Black Consciousness*) conçue et développée par Steve Biko apparaît comme l'un des facteurs déterminants qui favorisaient l'émergence de la théologie noire en Afrique du Sud. D'aucuns considèrent la théologie noire comme le bras religieux du mouvement Conscience noire[53]. Face aux exactions humiliantes et aux oppressions inhumaines que la communauté noire subissait sous

---

[53] J. Parratt, *Reinventing Christianity: African Theology Today*, Grand Rapids, Eerdmans, 1995, p. 157.

l'*apartheid*, Steve Biko armait les étudiants noirs des idées-forces telles que la dignité du peuple noir et l'impertinence du christianisme occidental. La lutte de Biko était essentiellement politique comme celle de Kwame N'Krumah en Afrique de l'Ouest et mais aussi philosophique comme celle de Léopold Sédar Senghor.

Basil Moore nous semble le meilleur présentateur de la théologie noire[54]. Il la décrit comme « Le peuple noir interprétant l'Évangile à la lumière de l'expérience noire, et interprétant son expérience à la lumière de l'Évangile[55] ». « Expérience noire » signifie dans cette description l'expérience de souffrance que subit le peuple noir en Afrique du Sud sous l'*apartheid* en particulier, et partout où le racisme règne en général. Le qualificatif « noir » renvoie à tous ceux qui sont engagés personnellement et directement dans la lutte contre l'*apartheid* sud-africain et le racisme. Selon Moore, cinq caractéristiques se dégagent clairement dans la théologie noire :

a) C'est une théologie qui sert les acteurs de la résistance noire. Les théologiens préconisent la dialectique entre la réflexion et la praxis, ou entre la réflexion et la lutte. La réflexion est nécessaire pour faire avancer la lutte, et la lutte est indispensable pour le développement de la théologie. Si la réflexion incombe aux théologiens, la lutte, quant à elle, engage le peuple qui souffre et qui est victime du racisme. Dans ce sens, la théologie donne à la communauté noire les moyens idéologiques pour combattre *l'apartheid* et participer à la transformation de la société. Selon cette méthode, théologiens et peuple sont appelés à combattre ensemble, côte à côte, main dans la main, sur le plan de la réflexion et sur le terrain de l'action. Dans ce sens, la théologie noire tranche avec la théologie classique qui enferme les théologiens dans une tour d'ivoire, ou dans un laboratoire.

b) C'est une réflexion sur l'expérience du peuple noir.
L'expérience noire, les traditions noires – ou des noirs – et les questions que pose le peuple noir constituent l'objet de la réflexion

---

[54] Basil MOORE, « Black Theology Revisited », *Bulletin for Contextual Theology* 1 (s.d.), p. 7-19.

[55] *Ibid.*, p. 7. Le texte original dans l'écrit de Basil MOORE se lit comme suit : « Black people interpreting the Gospel in the light of black experience and interpreting the black experience in the light of the Gospel ».

dans la théologie en question. Mais pour avoir accès à l'objet de la réflexion, le théologien doit apprendre à écouter le peuple avec lequel il lutte et à discerner la Parole de Dieu dans la voix du peuple. Par cette approche, la théologie légitime la lutte.

c) C'est une théologie de l'engagement.

La théologie fournit au peuple les ressources dont il a besoin dans sa lutte. Ces ressources sont émotionnelles ou psychologiques, elles sont indispensables dans une situation permanente d'oppression et d'humiliation. Par exemple, la théologie fait comprendre au peuple que la lutte l'édifie et fait naître la confiance en soi. Les ressources sont également intellectuelles car le peuple est appelé à « théologuer », à mener une réflexion théologique en vue de résister à l'*apartheid* et le combattre efficacement.

d) C'est une théologie de l'espérance.

La théologie aide le peuple à découvrir des signes d'espérance à travers la résistance. Il faut qu'il soit convaincu que la libération est proche et que l'*apartheid* sera bientôt battu, selon le contexte d'avant l'*apartheid*.

e) Enfin, c'est une théologie de la suspicion.

Les tenants de la théologie noire ont un regard négatif sur les chrétiens blancs. Le témoignage suivant sort de la bouche de la plupart : « Les missionnaires avaient la Bible et nous la terre, ils nous demandaient de fermer les yeux [pour la prière], ils ont nos terres et nous la Bible. » Mofokeng témoigne dans le même sens en ces termes : « Quand ils [les Occidentaux] disent que la Bible est la Parole de Dieu, nous devons nous mettre en garde. Nous devons interroger les Ecritures en fonction de notre expérience[56]. »

D'autre part, ces théologiens pensent que depuis le règne de l'empereur Constantin au IVe siècle, la théologie occidentale sert le pouvoir et la doctrine chrétienne sert à légitimer l'oppression raciste. C'est dans ce sens que Itumeleng Mosala, l'un des plus grands représentants de la théologie noire, affirme que la Bible est un produit idéologique. Il remet ainsi en question la validité de la doctrine chrétienne apportée par les missionnaires.

---

[56] Cité par MOORE, « Black Theology Revisited », p. 9.

Mais la théologie noire n'est pas homogène. La pluralité se manifeste par le choix des thèmes majeurs. Ainsi, certains théologiens choisissent comme thème majeur « Les noirs opprimés comme le peuple élu de Dieu », à l'image des Hébreux opprimés par les Egyptiens et élus comme peuple de Dieu par Yahweh lui-même. Pour d'autres, Jésus-Christ le Messie est noir. Certes, les tenants de cette théologie ne croient pas nécessairement que Jésus était de peau noire. La couleur noire prend un sens symbolique. Elle évoque l'idée d'un peuple marginalisé et opprimé, surtout privé de ses droits fondamentaux et dont la dignité est foulée aux pieds. Jésus est « noir », disent-ils parce qu'il est du côté des opprimés. Pour d'autres encore, le discours se construit sur le thème de la compatibilité de la vision universelle chrétienne avec le combat que mène la théologie noire.

Bien que la théologie noire soit perçue comme un programme d'action ou une stratégie pour démanteler l'*apartheid*, certains théologiens comme Cone[57] lui donnent une base dogmatique solide. Comme Cone le dit avec raison, la théologie noire diffère de la théologie occidentale par sa perspective, son contenu et son style. Deux exemples suffisent pour expliquer cette différence, l'un sur le concept de consubstantialité et l'autre sur le problème du mal. La question de consubstantialité (*homoousia*) du Père et du Fils traitée au concile de Nicée en 325 et à celui de Chalcédoine n'est pas du tout une question africaine et encore moins une question « noire ». Selon ces deux conciles, le Père et le Fils ont la même substance. Force est de reconnaître que le concept de consubstantialité est pertinent au christianisme occidental, il répond d'une manière appropriée aux questions sur la personne de Christ que les Occidentaux se posent. L'erreur serait de considérer ce concept comme universel, pensent les tenants de la théologie noire. En Afrique du Sud, et surtout pour la communauté noire, la question est ailleurs : Jésus-Christ est-il le libérateur ?

Concernant le problème du mal, les tenants de la théologie noire critiquent les théologiens occidentaux de n'avoir pas pris au sérieux la réalité des souffrances dans le monde que Dieu a créé.

---

[57] James CONE, *Black Theology, Black Power*, Maryknoll, Orbis Books, 1997.

Appréciations

La théologie noire pourrait beaucoup apporter à l'entreprise théologique en Afrique à plusieurs titres. Elle engage les théologiens à vivre avec le peuple de Dieu et à incarner ainsi « une théologie de proximité », dans la mesure où les théologiens combattent avec le peuple. Elle l'encourage à la réflexion et à comprendre le lien qui doit exister entre la réflexion et l'action. Tout acte pour combattre le racisme et pour résister à l'oppression devrait être théologiquement soutenu. Le peuple est censé connaître le sens théologique de son combat. Les théologiens à ses côtés ne sont pas des maîtres mais plutôt des catalyseurs.

Nous trouvons cependant des failles importantes dans la théologie noire. D'abord, elle manque de bases bibliques pour mériter le qualificatif « chrétienne ». Sa méthode, mais aussi ses critères, ne lui permettent pas d'accéder aux grandes vérités de Dieu présentées dans la Révélation. Ses thèmes majeurs sont dictés par le contexte social de l'*apartheid*. Il apparaît clairement par son approche que l'essentiel du message biblique n'est pas pris en compte et encore moins affirmé. La théologie noire pourrait bien critiquer et même détruire théologiquement l'approche occidentale[58] de la Bible mais pas le fondement même du christianisme. Par exemple, la voix du peuple perçue comme la voix de Dieu[59] est une assertion bibliquement injustifiable et un *apriori* dangereux.

La théologie noire est doublement contextuelle, d'abord par le fait qu'elle opère uniquement en Afrique du Sud, et ensuite parce que son thème majeur est révolu puisque l'*apartheid* est officiellement démantelé depuis de début des années 1990. Elle n'a plus sa raison d'être. Elle ne peut donc être considérée comme faisant partie de la théologie africaine. Elle pourrait par contre s'inscrire dans le registre de la théologie de la libération comme celle que Jean-Marc Ela propose, avec la seule différence que la théologie de Ela traite de la pauvreté économique et anthropologique.

Par ailleurs, comme Pitynia le fait remarquer, la théologie noire apparaît dans les faits[60] comme une entreprise purement académique. Dans ce sens, elle n'échappe pas au piège de la tour d'ivoire. Moore, quant

---

[58] Il s'agit essentiellement de la méthode historico-critique et l'herméneutique qui la soutient.
[59] Cette assertion vient de l'adage latin : *Vox populi vox Dei.*
[60] MOORE, « Black Theology Revisited », p. 10.

à lui, adresse avec force une critique importante : l'instrumentalisation de la théologie noire par des partis. La théologie noire a conclu une alliance avec l'Azanian People's Organization (AZAPO), qui est un parti politique ayant comme but de lutter contre *l'apartheid*. Elle apparaît alors comme l'AZAPO en prière. Dans ce sens, elle n'est pas différente de la Dutch Reformed Church (DRC) perçue comme *l'apartheid* en prière[61]. Elle pourrait donc soutenir théologiquement le racisme comme la théologie pseudo calviniste de la Dutch Reformed Church l'a fait sous *l'apartheid*.

Sur le plan anthropologique, la théologie noire manque d'objectivité. En disant que Dieu est du côté des noirs, elle divise l'humanité en deux parties antagonistes, elle exalte une race au détriment de l'autre. Les métisses sont les premières victimes de ce racisme, car ils ne sont ni blancs ni noirs. Ils n'ont pas d'identité propre, selon les tenants de cette théologie. Or, l'anthropologie biblique enseigne qu'il n'y a qu'une seule race, la race humaine. Tous les humains descendent d'Adam.

3. La théologie féministe

La théologie féministe est arrivée en Afrique au début des années 1990 dans un contexte marqué par des bouleversements politiques dont la chute de *l'apartheid*. Ces bouleversements ont suscité de nombreuses activités tant politiques que sociales. Nous signalons, en particulier, la conférence sur la femme tenue à Pékin et une autre organisée à Dakar en 1994. L'impact de l'esprit de Pékin sur la société africaine n'est plus à démontrer. Des mouvements féministes divers ont vu le jour. Par ailleurs, la chute de *l'apartheid* avait comme conséquence fondamentale la libération non seulement du noir mais aussi de la femme, qu'elle soit noire ou blanche, toute proportion gardée. Sous *l'apartheid* les femmes blanches avaient en effet difficilement accès aux positions sociales élevées. Nous comprenons donc que la chute de *l'apartheid* a contribué à l'éclosion de la théologie féministe, en Afrique du Sud et dans toute l'Afrique australe.

Les théologiennes féministes font une analyse critique de la société et de l'Église. La société occidentale a toujours marginalisé la femme, disent-elles. Cette marginalisation repose sur sa vision dualiste du monde

---

[61] La Dutch Reformed Church (DRC) était l'église officielle des Afrikaners. Elle aurait soutenu théologiquement *l'apartheid* jusqu'à la fin des années 1980.

qui a pris racine dans la culture gréco-romaine où la femme était frappée d'incapacité juridique[62]. Cette vision sépare « le monde des hommes du monde des femmes, le monde des maîtres de celui des serviteurs, du monde d'Esprits (sic) de celui de la matière, et dans l'Église, le ministère des hommes de celui des femmes », comme le décrit Vuadi Vibila[63].

Cette dichotomie est bien présente dans les églises, et influence leur lecture de la Bible, qui selon les féministes, est patriarcale. Mais bien avant l'avènement des Temps modernes, des dignitaires de l'Église avaient déjà exprimé leur attitude peu aimable vis-à-vis des femmes. Tertullien disait en effet que la femme est la « porte du diable » ; Augustin, quant à lui, invitait à « aimer l'humanité de la femme et à haïr sa féminité[64] ». Le système patriarcal du monde occidental est renforcé par la culture dans les églises africaines.

La théologie féministe est cependant plurielle. Il faut donc tenir compte des différentes sensibilités. Par exemple, pour se démarquer de la théologie féministe américaine, les femmes noires aux États-Unis et certaines en Afrique utilisent l'expression *womanist theology*. À la différence des femmes blanches, les femmes noires combattent sur plusieurs fronts : la race, la classe sociale et le sexe. Elles sont donc plus aliénées que leurs sœurs blanches. Ceci revient à dire qu'il y a plusieurs herméneutiques. Certaines féministes dénoncent l'attachement naïf à la lettre de la Bible notamment chez les évangéliques. D'autres proposent que la lecture de la Bible se fasse à partir de l'expérience de la femme. D'autres encore dénoncent les textes bibliques trop androcentriques, centrés sur le genre masculin. L'herméneutique présentée ci-après semble toutefois la plus représentative. Ses principes sont résumés comme suit :

- Tenir compte des personnages silencieux dans la Bible : Les féministes se rendent compte que nombreux sont les personnages bibliques qui ne parlent pas, ou à qui les auteurs bibliques ne donnent pas la parole. Ce n'est pas parce qu'ils n'ouvrent pas la bouche qu'ils n'ont rien à dire, disent-elles. L'exégète doit les faire

---

[62] Vuadi VIBILA, « Femmes et réflexion théologique : vers une pratique ecclésiale émancipatrice (cas du Zaïre) », Perspektiven des Weltmission, Vol. 24, Hamburg, Verlag an der Lottbek, 1997, p. 252.

[63] *Ibid.*, p. 250.

[64] *Ibid.* p. 252.

parler.

- Lire entre les lignes et faire une relecture du texte et de l'histoire. Étant donné que la Bible est écrite par des hommes, il y a lieu de chercher à comprendre ce qu'ils n'ont pas dit, ce que les femmes auraient dit à leur place.

- Être conscient du fait que les femmes dans la Bible ne pouvaient pas parler pour des raisons culturelles. Nous savons que dans la culture juive, la femme occupe une place seconde dans la société et dans la famille. Nous connaissons bien cette prière que formule le Juif : « Je te remercie Yahweh de ce que je ne suis pas une femme ».

- Tenir compte du fait que les expériences des femmes dans la Bible sont décrites par des hommes[65].

- Lire la Bible dans une perspective de libération : La Bible donne des exemples de femmes opprimées ou exploitées par les hommes, mais également des exemples de femmes à la tête d'une communauté, parfois comme prophétesses ou comme libératrices. Dans la plupart des sociétés d'aujourd'hui, occidentales et africaines en particulier, les femmes sont sous la domination des hommes.

Ces principes dénoncent la lecture « patriarcale » de la Bible et invitent à une lecture plus « objective ». Mais cette lecture « objective » ne sera pas possible à moins de réviser le texte même de la Bible et lui donner un langage « inclusif ». Ainsi, certaines féministes n'admettent pas que Dieu soit appelé « Notre Père », puisqu'il n'est pas un humain pour être un homme ou une femme. L'expression « Les fils d'Israël » excluent les femmes, il faudra alors dire « Les enfants d'Israël ». Il faudra également éviter les expressions telles que « communion fraternelle », et revoir les expressions chères à l'apôtre Paul comme « Frères, je ne veux pas que vous ignoriez … ». Le langage inclusif ne concerne pas seulement le texte de la Bible mais aussi la théologie. Celle-ci doit désormais rester sensible à des expressions qui excluent les femmes. Ainsi, par exemple, au lieu de dire « Dieu a créé l'homme à son image », les théologiens diront « Dieu a créé l'être humain à son image».

---

[65] Nous recommandons la lecture de N. J. NJOROGE, sous dir., *Talitha cum ! Theologies of African Women*, Pietermaritzburg, Cluster Publications, 2001.

Les théologiennes féministes de tendance évangélique ne se sentent pas concernées par le langage inclusif ou le genre neutre de Dieu dans le texte biblique. Elles respectent le texte tel qu'il nous est parvenu. Elles attirent l'attention des exégètes et théologiens sur des aspects dans la Bible ou dans la théologie, qui n'ont pas été suffisamment explorés ou qui ont été négligés. Elles souhaitent une lecture plus profonde ou une relecture entre autres des passages qui présentent des personnages féminins comme Miryam, Débora, Esther, Lydie ou les femmes qui accompagnaient le Seigneur pendant son ministère terrestre.

Appréciations

La théologie féministe attire notre attention sur des vérités bibliques mal comprises ou négligées par les théologiens. Elle invite à revisiter l'anthropologie qui fait oublier la femme, et l'éthique qui insiste sur l'autorité de l'homme sur elle. Selon l'anthropologie biblique, « Dieu créa l'homme à son image, à l'image de Dieu il le créa ; mâle et femelle il les créa » (Gn 1.27). Il n'y a pas de différence entre les deux. Selon l'éthique biblique du couple, l'homme est appelé à aimer sa femme (Ep 5.23s). Il y a donc lieu, dans une nouvelle entreprise théologique dans le contexte africain, de repenser le rapport entre l'homme et la femme sous le double angle de l'anthropologie et de l'éthique.

Cependant, nous nous demandons si l'herméneutique féministe telle qu'elle est présentée ci-dessus permet d'avoir accès à ce que « Dieu a réellement dit ». Comme à la création, les propos dangereux du serpent reviennent : « Dieu a-t-il réellement dit ? » (Gn 3.1, Colombe). Sous forme interrogative ou affirmative, cette parole sème le doute. Nous avons défini la théologie comme le dire de l'homme sur le déjà-dit de Dieu. L'élaboration de la théologie féministe s'avère difficile car le déjà-dit de Dieu reste encore à découvrir.

D'autre part, la critique sur le caractère « androcentrique » des textes bibliques ne nous semble pas fondée. La Bible atteste clairement qu'en Christ il n'y a plus homme et femme (Ga 3.28), que Dieu créa le genre humain, « homme et femme il les créa » (Gn 1.27). Par conséquent, le système patriarcal n'a rien de biblique, il est hérité des Temps modernes comme les féministes le disent.

4. Théologie de l'inculturation

Comme nous l'avons vu dans le chapitre 3, l'inculturation consiste à insérer le message divin dans la culture en vue de l'appropriation.

a) Voie catholique

Dans le cadre du christianisme catholique, la théologie de l'inculturation est l'aboutissement de longs débats depuis le début des années 1960 surtout à la Faculté de Théologie Catholique de Kinshasa. Ces débats opposaient entre autres le théologien belge Vanneste au théologien congolais Tshishiku Tshibangu. Vanneste ne reconnaissait pas la légitimité d'une théologie africaine, à moins que celle-ci ne soit purement pastorale. Il invitait les théologiens africains à apporter leur contribution à la théologie universelle, c'est-à-dire celle de Rome.

Vincent Mulago, pour sa part, optait pour la théologie de l'adaptation, ou la théologie des pierres d'attente, d'autant plus que la terminologie et le concept sont reconnus par le concile Vatican II[66]. Ce grand théologien congolais avait déjà présenté le concept dans le livre collectif *Des prêtres noirs s'interrogent* paru en 1956. La théologie d'adaptation visait à découvrir l'aspect du dogme catholique qui répond le mieux à l'attente du peuple. D'autre part, l'élément positif découvert dans la culture ou la religion africaine peut être considéré comme une pierre d'attente ou comme une « préparation évangélique[67] ». La théologie de l'adaptation a le mérite de reconnaître l'altérité de la culture africaine vis-à-vis de l'Évangile, et d'exprimer la nécessité de présenter le dogme d'une manière plus accessible au peuple.

Mais cette théologie a été rapidement remise en question par l'ensemble des théologiens parce qu'elle ne pouvait pas toucher l'âme africaine. C'est ainsi qu'à la rencontre tenue à Nairobi en 1974, les évêques déclaraient que la théologie de l'adaptation était dépassée. Ils optaient alors officiellement pour la théologie de l'incarnation. Julien Penoukou décrit la théologie de l'inculturation comme un discours qui cherche « l'assimilation du message chrétien, à partir de nos catégories et de nos présentations[68] ». Cette assimilation est une exigence de la foi.

---

[66] *Ad Gentes*, 22.

[67] Bruno CHENU, *Théologie chrétienne des Tiers Mondes*, Paris, Karthala, 1987, p. 139.

[68] PENOUKOU, *Églises* d'Afrique, p. 43.

Dieu en effet demande aux croyants de l'aimer de tout leur cœur, de toute leur âme et de toute leur pensée (Mt 22.37). L'Écriture renseigne dans ce texte sur l'anthropologie biblique selon laquelle l'être humain est un tout indivisible. Il n'y a pas de compartiments qui séparent le religieux du profane, ou l'intellectuel du spirituel. Cette séparation est née dans la civilisation occidentale pendant les Temps modernes[69].

b) Voie protestante

Du côté protestant, le terme « inculturation » est beaucoup moins utilisé. Mais le concept est bien présent dans les discours théologiques. La volonté d'enraciner l'Évangile dans les cultures anime les théologiens. Ils optent donc pour l'inculturation, ou pour l'enracinement, par obéissance à l'esprit de l'Évangile. Deux textes johanniques lui servent de fondement :

1. Jean 1.14 : « Le Verbe s'est fait chair et il a habité parmi nous ». À l'exemple de Dieu devenu homme en Jésus-Christ pour se faire connaître aux hommes, l'Évangile doit atteindre les hommes jusque dans leurs cultures. La théologie a dans ce sens le rôle de rendre l'Évangile intelligible dans les cultures, afin que chaque croyant dise Dieu non seulement dans sa langue mais aussi dans son langage.

2. Jean 12.24 : « Si le grain de blé qui tombe en terre ne meurt pas, il reste seul [sans fruit] ; si au contraire il meurt, il porte du fruit en abondance ». Le texte fait apparaître le prix à payer dans le processus de l'inculturation et de l'enracinement. L'accueil de l'Évangile, par un peuple donné, exige de la part de l'évangélisateur l'acculturation, que nous pourrions également appeler la mutilation culturelle. Il faut qu'il meure culturellement pour pouvoir revivre dans une nouvelle culture, celle de la terre d'accueil. La théologie doit donc parler le langage de la terre d'accueil, et adopter la nouvelle culture si elle veut servir l'église de Dieu[70].

Il y a toutefois une différence importante à souligner entre la théologie catholique et la théologie protestante de l'inculturation. Dans le

---

[69] Le livre de Lesslie NEWBIGIN, *The foolishness of the Greek*, donne des détails sur la séparation entre le privé et le public, entre le religieux et le profane, comme produit de la culture occidentale.

[70] Le langage est marqué par le mode de pensée, ou mode de raisonnement, mais aussi par le vocabulaire employé et le style littéraire. Par exemple, il y a une différence de langage entre les pays francophones.

christianisme catholique, l'inculturation touche la théologie, la liturgie, et la vie de l'église. Il convient de préciser que l'Église catholique est ritualiste dans le sens où les rites sont des éléments fondamentaux dans la vie des croyants catholiques. Par les rites, l'Église célèbre la foi et l'entretient. Dans le christianisme protestant, par contre, l'inculturation concerne essentiellement le message. Depuis la Réforme, en effet, la prédication de la Parole est au centre de la vie de l'Église. C'est dans ce sens que les églises protestantes sont dites kérygmatiques.

Appréciations

Pour une réelle appropriation, la prise en compte de la culture par la théologie est incontournable. Tant que le christianisme apparaîtra comme une religion étrangère, ce que croient les adeptes de religions traditionnelles et les musulmans, l'accueil du message restera superficiel, et l'on aura comme résultat non pas l'appropriation mais l'accommodation. Concernant l'Afrique, ceux qui ont saisi la foi et qui sont de vrais témoins de l'Évangile, ont intégré parfois sciemment ou inconsciemment la culture occidentale.

Le paradigme actuel est marqué par le retour du religieux et par la place de plus en plus prépondérante accordée à l'intuition et aux émotions. Il engage la théologie à se remettre en question et à faire preuve de courage, comme au XVIe siècle en Europe où Martin Luther et Jean Calvin devaient tout repenser et bâtir sur des bases nouvelles. Ces Réformateurs cherchaient à présenter toute la vérité évangélique. Les théologiens africains, quant à eux, doivent formuler cette même vérité dans le nouveau paradigme. Il n'y aura pas de nouvelle doctrine, mais la formulation de la doctrine biblique doit être repensée.

Il faut cependant faire un choix judicieux de méthodes et de critères d'évaluation pour éviter tout dérapage et toute déviation qui guettent l'entreprise théologique. Nous remarquons malheureusement que certains théologiens privilégient la culture, ou les religions africaines au détriment de la vérité évangélique. Dans ce cas, leur théologie ne pourra pas rendre fidèlement la pensée de Dieu et la dire à son peuple. Le piège de l'africanisme théologique guette constamment les théologiens africains. D'autres choisissent leurs thèmes majeurs selon des critères peu objectifs. Parfois ces thèmes sont dictés par les souffrances du moment, ou par la situation politique ambiante. Dans ce cas, leur théologie va vers une direction différente que l'appropriation et la communication de la foi. Il faut donc faire une distinction nette entre le dire de l'homme, comme moyen d'expression ou comme véhicule, et le déjà-dit de Dieu, qui est la Parole de Dieu que la théologie doit présenter intégralement et fidèlement.

Deuxième partie

Initier la théologie en Afrique

Chapitre 6

Les défis de l'entreprise théologique

La théologie a-t-elle réussi l'appropriation de l'Évangile en Afrique ? Les responsables d'églises, dont les théologiens, doivent se poser régulièrement cette question, car l'Écriture l'exige et le monde change. Deux phénomènes importants nous poussent à répondre à cette question. Le développement numérique des Églises Indépendantes Africaines et la prolifération des églises néo-pentecôtistes[71]. Les premières, pour la plupart, qualifient la théologie classique de non appropriée, parce qu'elle n'a pas pris en compte la culture africaine ; les dernières rejettent toute initiative de réflexion et exaltent les émotions et les expériences « spirituelles », ou sensationnelles. Et pourtant ces deux grands groupes représentent un nombre non négligeable de croyants sur le continent.

Nous pensons que la théologie classique a réussi dans son rôle. Le bilan semble globalement positif dans l'ancien paradigme en Afrique. Nous remarquons cependant depuis quelques dizaines d'années, à l'orée du nouveau paradigme que la croissance numérique des églises classiques, issues des missions occidentales, ne correspond pas nécessairement à la croissance spirituelle. Un responsable africain aime à dire que l'église

---

[71] Il nous faut faire la différence entre « les Églises Indépendantes Africaines » comme l'Église du Christianisme Céleste et l'Église Kimbanguiste, et « les églises néo-pentecôtistes » qui insistent beaucoup sur les promesses et les bénédictions de Dieu. Dans ce livre, les églises classiques comprennent toutes les églises issues des missions occidentales.

africaine ne grandit pas, elle grossit. Elle augmente en nombre mais elle ne grandit pas dans la connaissance de la vérité. Cette critique est justifiée par l'impact peu visible des chrétiens sur la vie de la société, tant sur le plan de l'évangélisation que sur le plan éthique. De nombreux peuples n'ont pas encore entendu parler de Jésus-Christ, malgré les moyens dont les églises disposent. Certaines régions ont très peu d'églises, elles sont d'ailleurs mal nourries, faute de pasteurs correctement formés. Nous craignons que la croissance numérique dont les églises se vantent ne soit trompeuse. Les quartiers dans les grandes villes sont saturés de communautés chrétiennes alors que les milieux ruraux sont négligés ou oubliés. Le christianisme protestant et évangélique est essentiellement urbain en Afrique or la population des nombreux pays est à 80% rurale.

Sur le plan éthique, les églises ne vont pas mieux. Elles baissent les bras devant la corruption qui ronge toute la société. Elles s'avouent impuissantes face au tribalisme. Elles se taisent devant les guerres civiles, et les violences sous leurs diverses formes : massacres, pillages, rackets par les agents de l'ordre public, les militaires et paramilitaires.

Certes, la théologie, si efficace soit-elle, ne peut pas changer la société du jour au lendemain. Mais elle peut contribuer au changement de la rationalité (ou la logique) des responsables chrétiens et par la suite celle des chrétiens, sachant que le changement de la nature de l'homme ou la conversion est l'œuvre à part entière du Saint-Esprit. Cette conversion touche tout l'être de l'homme dont la logique. Remarquons que le mot « logique » dans son sens premier a trait au discours. Le Saint-Esprit crée en l'homme nouveau une nouvelle logique. Le croyant doté de cette nouvelle logique connaît les articulations entre les vérités qu'il confesse, mais aussi entre la foi et les œuvres, ou encore entre la réflexion et l'action. Le drame de la théologie inappropriée c'est son incapacité à relier la réflexion et l'action chez le croyant.

Mais l'entreprise théologique en Afrique, comme ailleurs, rencontre des défis. Le théologien doit les identifier et les relever s'il veut réussir.

I. L'héritage colonial

Après la Conférence de Berlin en 1885, les colonisateurs avaient pour but d'apporter la civilisation en Afrique, mais aussi dans d'autres continents. Nous rappelons qu'au XIXe siècle l'Europe était à l'apogée des Temps modernes. Civiliser les Africains évoquait des idées précises : Les Africains n'avaient pas de civilisation et dans ce sens ils étaient culturellement inférieurs. Cette infériorité culturelle sera perçue par les ultra nationalistes et les nazis au début du XXe siècle comme une infériorité génétique[72].

La colonisation, bien qu'elle ait pris fin dans les années soixante, laisse des traces dans les sociétés africaines jusqu'aujourd'hui.

a) Le langage anthropologique

Au XIXe siècle, l'anthropologie définie comme la science qui étudie l'homme noir est née[73]. Elle a dans ce sens le but de connaître l'Africain et son environnement. En matière de réflexion théologique, nous nous intéressons surtout au langage créé et utilisé par cette anthropologie pour décrire l'Africain. Ainsi les termes suivants ont vu le jour : indigène, primitif (dans un sens colonial), animiste, tribal et vernaculaire : « indigène » situe l'Africain vis-à-vis du colon, « primitif » sous-entend qu'il n'est pas encore dans *la* civilisation, « animiste » est en opposition au christianisme qui est la religion des civilisés, « tribal » évoque l'idée d'un groupe humain qui a du mal à entrer dans la civilisation, et « vernaculaire » sert à désigner les langues africaines parlées par de petits groupes. Ce vocabulaire renforce davantage le fossé qui existe entre les Occidentaux et les Africains, depuis l'aube de la colonisation.

La missiologie d'alors, mais aussi d'aujourd'hui dans certains milieux chrétiens, utilise cette anthropologie. Par exemple, les devises de London Missionary Society, l'une des plus anciennes sociétés missionnaires arrivées en Afrique, étaient : Christianisme, Commerce et Civilisation. Nous notons au passage le livre de David Lamb, *The Africans*[74], qui est fortement imprégné de cette anthropologie. L'auteur y fait le portrait ou la caricature des « dictateurs ». Par contre, ni le portrait de Léopold Sédar Senghor ni celui de Julius Nyerere n'y figurent. Certaines agences

---

[72] L'on constate que la communauté internationale ne fait même pas cas des Noirs morts en champ de bataille ou massacrés par les nazis pendant la deuxième grande guerre.

[73] Faut-il souligner que le terme a plusieurs acceptions ? L'anthropologie biblique donne la pensée de Dieu sur l'homme, l'humain. En missiologie, l'anthropologie culturelle étudie un groupe de personnes. En médecine, l'anthropologie étudie les cadavres en voie de putréfaction. Dans cet ouvrage, le terme a le sens que les explorateurs en donnent à la « découverte » de l'Afrique.

[74] David LAMB, *The Africans*, New York, Random House, 1982.

missionnaires conseillent vivement la lecture de ce livre aux candidats missionnaires. Nous pouvons donc bien imaginer qu'il n'y aura pas de partenariat, ni de collaboration d'égal à égal entre ces agences missionnaires et les églises autochtones aussi longtemps que la missiologie s'appuiera sur l'anthropologie coloniale. Il faut cependant bien souligner que beaucoup de sociétés missionnaires ont compris que cette anthropologie est tout à fait révolue et qu'il est possible de transcender la différence artificielle entre l'Occidental et l'Africain.

Il nous faut alors une nouvelle anthropologie qui repose sur le socle des vérités bibliques. Ces vérités soulignent en premier lieu la dignité de l'homme créé à l'image de Dieu. Elles affirment clairement qu'il n'y a qu'une race : la race humaine. Cette anthropologie à venir doit exclure de son langage les termes qui favorisent la différence entre le noir et le blanc.

b) L'ordre économique mondial

Le fossé qui continue de se creuser entre le Nord et le Sud n'est pas seulement culturel ou civilisationnel, il est aussi économique. Le monde est divisé en deux parties : les pays développés et les pays en développement. Bien que cette configuration commence à changer en raison de l'émergence des pays nouvellement développés en Asie et en Amérique Latine, et surtout à cause de l'entrée en scène de la redoutable Chine, les pays du Nord ont toujours tendance à dicter les actes des pays du Sud. Dans le cadre du christianisme, la configuration n'est pas différente. Les églises du Nord, pour certains cas, cherchent à réfléchir et à décider pour les églises du Sud.

Dans le monde de la théologie, vu le fossé qui sépare le Nord du Sud sur le plan économique, l'on se pose la question : dans quelle mesure l'entreprise théologique en Afrique pourra se faire sans la bénédiction du Nord ? Quelle sera la valeur d'une théologie élaborée en Afrique ? Les mêmes questions peuvent se poser sous un autre angle en ces termes : les critères d'évaluation de la théologie du Nord sont-ils valables pour la théologie en Afrique ? Sécrétés par les Temps modernes, ces critères sont parfois d'ordre commercial, ils visent le progrès, l'efficacité et la clarté selon le mode de raisonnement occidental. Faut-il absolument avoir l'aval du Nord pour un travail théologique dans le Sud ? Il ne s'agit pas ici de créer une dichotomie entre le Nord et le Sud, cette dichotomie existe déjà par le truchement de l'ordre économique mondial. Il s'agit plutôt de voir comment élaborer une théologie qui soit au service de l'Église en Afrique aujourd'hui et qui l'aide à l'accomplissement de sa mission.

c) La glossophagie

Le terme est de Oscar Bimwenyi-Kwesi[75]. Les langues africaines sont avalées en faveur de la langue française ou anglaise. Certes, ces langues ont connu un développement considérable, c'est le cas du malgache, du lingala et du swahili, pour ne citer que ces cas. Mais la maîtrise du français et de l'anglais demeure un critère primordial dans l'évaluation des capacités diverses. Les anciens qui ne parlent que leur langue maternelle sont ainsi exclus de la société du savoir.

En outre, le français est par nature une langue rigide dans le sens où il est rigoureusement le même partout dans le monde. Contrairement à l'anglais, il ne tolère pas les variantes, à moins qu'on ne les mette dans la catégorie du français parlé[76]. Ce français-là n'est valable que dans la rue. Cela revient à dire que la langue française restera pour beaucoup et pour longtemps encore une langue étrangère même en Afrique francophone.

2. Les conséquences de cet héritage

a) La dépendance dans la réflexion

Les productions théologiques par les Africains sont souvent contrôlées par les préoccupations du Nord. Elles sont évaluées selon les critères du Nord. Elles adoptent les méthodes du Nord. Or, les réalités et les préoccupations sont bien différentes.

b) La dépendance économique

La politique de la main tendue des églises est également une conséquence de l'ordre économique mondial. Si les églises africaines sont incapables de formuler des projets sans tendre la main à la mission

---

[75] Oscar BIMWENYI-KWESHI, *Discours théologique négro-africain : Problème des fondements*, Paris, Présence Africaine, 1981. Ce livre fait date dans l'histoire de la théologie africaine. Il est l'un des tout premiers théologiens à utiliser le terme « glossophagie ».

[76] Nous attirons l'attention sur des écrivains qui ont tenté de dire leurs pensées dans la langue française mais en respectant le mode de raisonnement de leurs cultures respectives. L'Ivoirien Mamadou KOUROUMA est l'un d'eux.

mère, ce n'est pas parce qu'elles sont pauvres mais parce qu'elles manquent d'imagination. Ce parasitisme les paralyse et les empêche d'être créatives, de faire de grands projets pour le Royaume. La plupart des églises issues des missions occidentales ont plus de ressources aujourd'hui que leurs missions mères au début du XXe siècle. Elles pourraient donc théoriquement envoyer des missionnaires ailleurs et implanter de nouvelles églises.

Les associations para-ecclésiastiques d'initiative africaine comme la Fondation Missionnaire Chrétienne (FMC) ou l'Action Missionnaire Interafricaine (AMI), démontrent qu'il est possible d'œuvrer pour la mission, pour l'extension du Royaume sans recourir aux dons venant du Nord. Ces associations sont capables d'envoyer des dizaines de missionnaires partout en Afrique sans compter sur les aides financières de l'Occident.

3. Les langues de la théologie

Loin d'être seulement un moyen de communiquer et d'informer, la langue est un instrument de découverte et surtout d'appropriation. En articulant, c'est-à-dire en nommant clairement une chose, en définissant un concept ou en évoquant une idée, l'homme cherche par la langue à posséder la chose et à la maîtriser. Le récit de la nomination des animaux par l'homme selon Genèse 2 livre un message hautement théologique dans ce sens. En donnant un nom à chaque animal, l'homme exprime son autorité sur lui. Il est évident qu'aucune langue ne peut couvrir tout le réel, mais toute langue qu'elle soit pauvre ou riche permet à son locuteur d'organiser sa vie et son environnement.

L'Écriture invite solennellement à cette prise en compte des langues africaines. Le jour de la Pentecôte, les Juifs et les prosélytes venus à Jérusalem s'étonnaient que les apôtres parlent leurs langues (Ac 2). C'est un fait unique depuis le drame de la tour de Babel. Théologiquement, l'événement de la Pentecôte signifie que réfléchir, s'exprimer dans la langue maternelle et dire les vérités de Dieu dans cette langue est bien dans le projet de Dieu. Elle signifie également que le peuple de Dieu, quel que soit son niveau intellectuel, est capable de « théologuer », pourvu qu'il possède une langue.

La théologie a donc intérêt à revaloriser les langues africaines, appelées naguère langues « vernaculaires », si elle a comme but de faire comprendre la Parole de Dieu aux Africains. L'Alliance Biblique Universelle et la Société Internationale de Linguistique sont dans la traduction de la Bible et cherchent à mettre la Parole de Dieu à la disposition des peuples. La théologie doit suivre leur exemple. Elle doit aider les Africains à dire Dieu dans leurs langues. Car l'appropriation totale de l'Évangile ne peut se faire que difficilement par la médiation d'une langue étrangère, à moins que le locuteur n'adopte sciemment la culture de cette langue[77].

Que disons-nous alors du français ou de l'anglais ? Ces langues restent indispensables pour communiquer dans l'Église universelle. Leurs rôles dans la théologie ne changent pas. Elles permettent aux théologiens de s'enrichir mutuellement et de bâtir le Royaume ensemble avec le peuple de Dieu de toutes les nations. En d'autres termes, l'enracinement de l'Évangile se fait à travers les langues maternelles, et l'extension du Royaume à travers les langues communes comme le français et l'anglais. Ainsi l'Église pourra-t-elle éviter les erreurs au Moyen Âge où le latin était la seule langue valable. Le Moyen Âge était une période de pauvreté culturelle et intellectuelle.

4. Les structures

Il y a essentiellement trois structures ecclésiastiques : épiscopale, presbytérale et congrégationaliste. La structure ecclésiastique découle en général de la théologie de base, plus particulièrement de l'ecclésiologie.

Les églises protestantes adoptent dans la plupart des cas la structure de l'église mère ou de la mission mère. Ainsi les églises presbytériennes du Ghana ont la même structure que l'église presbytérienne de Bâle dont elles sont issues, pour ne donner que cet exemple. Les églises évangéliques issues des *Faith Missions* n'ont pas de tradition ecclésiastique puisque leurs missions mères sont en général inter dénominationnelles[78]. Nous comprenons alors pourquoi ces églises sont parfois instables. Elles passent facilement de la structure presbytérale à la structure congrégationaliste ou

---

[77] Il va sans dire que beaucoup d'Africains ont comme langue maternelle le français ou l'anglais. C'est la langue que la mère parle à son nourrisson. La langue maternelle n'est donc pas nécessairement la langue du terroir.

[78] Klaus FIEDLER donne dans son livre une description juste des églises issues de *Faith Missions*.

même à la structure épiscopale. Nous comprenons aussi pourquoi elles changent régulièrement de statuts ou de règlement intérieur.

La question n'est pas de savoir laquelle des trois structures est la meilleure ou la plus biblique. Il faut préciser que l'Écriture ne propose pas de structure modèle. Les théologiens catholiques avancent que le concept d'évêque trouve ses racines dans le Nouveau Testament et que les églises ont toujours été dirigées par des évêques. La structure épiscopale serait alors la plus biblique et la plus fidèle à la Tradition. Ne pouvons-nous pas dire que l'organisation de l'Église des premiers siècles est largement inspirée de l'organisation de l'empire Romain ? D'autre part, certaines églises protestantes ont opté pour la structure presbytérale parce que les épîtres pastorales la suggèreraient. Mais nous faisons remarquer que ces épîtres ne proposent pas la structure presbytérale. Elles définissent plutôt le rôle du *presbytère*, c'est-à-dire l'ancien, et les qualités exigées de lui (voir 1 Tm 3.1-13). D'ailleurs, les termes *épiscopos* et *presbytéros* sont pratiquement équivalents. D'autres églises protestantes sont congrégationalistes de tradition. C'est l'ensemble des croyants qui décident de la vie de la communauté, comme dans une société démocratique. Ce régime n'est pas non plus biblique comme beaucoup le pensent. C'est Jean Calvin qui a introduit pour la première fois la notion de démocratie dans l'église, surtout par amour pour la culture grecque ancienne. Il l'a appliquée dans l'église de Genève.

La question est plutôt de trouver une structure qui cadre avec la culture et qui permette aux églises de remplir le mandat que le Seigneur leur confie. Du coup, la question de l'autorité et des relations humaines se pose. En Afrique, l'on se pose la question de qui détient l'autorité dans la communauté ? Le pasteur est-il comme un chef de village, un prêtre des religions traditionnelles, un père de famille, ou un prophète ? Le conseil de l'église est-il un conseil des sages, ou une équipe d'experts, ou encore un groupe au service du pasteur ? Comment les responsables d'église comprennent-ils le concept de service ? Qu'est-ce qu'un serviteur de Dieu en Afrique ?

Chapitre 7

Les religions africaines

L'élaboration d'une théologie chrétienne en Afrique exige une connaissance profonde et radicale de l'homme et des religions africaines. Selon certains théologiens africains, elles préparent à l'accueil de l'Évangile. Car, disent-il, Dieu a toujours été présent en Afrique, sinon il ne serait pas Dieu. Mais il faut le proclamer pour que les Africains le connaissent tel qu'il est et le servent. Pour d'autres théologiens, des éléments essentiels des religions africaines doivent faire partie du discours théologique s'ils ne sont pas en contradiction avec l'Évangile. Ainsi la théologie aurait comme composantes les données bibliques et les données des religions africaines. Nous dirons, pour notre part, qu'une connaissance juste et profonde des religions africaines aide à une formulation adéquate du message de Dieu aux hommes. Dans tous les cas, la prise en compte des religions africaines dans l'entreprise théologique en Afrique s'avère indispensable, il ne faut pourtant pas faire d'amalgame qui fait encourir le risque du syncrétisme.

Nous comprenons par « religions africaines » l'ensemble des concepts religieux propres aux Africains. Ces concepts concernent Dieu et les hommes, la vie et l'existence, la mort et l'après-mort, le sacré et le salut. Nous nous intéressons donc plus aux concepts qu'aux pratiques religieuses. Mais comment pouvons-nous connaître scientifiquement les religions africaines ? N'y a-t-il pas autant de religions que d'ethnies en Afrique ? Ne risquons-nous pas une généralisation dangereuse pour une œuvre aussi scientifique que la théologie ? John Mbiti a répondu à ces questions importantes dans son livre *Introduction to African Religion*[79]. Au bout de plusieurs années de travail méticuleux, ardu et difficile sur les différentes religions africaines, ce théologien kényan est parvenu à un résultat important. Il a pu reconstituer l'ossature des religions africaines. Il est parvenu à ce résultat par des enquêtes, l'observation des cérémonies religieuses, en recensant des contes et des proverbes, et en étudiant des objets de culte. Le monde académique dans son ensemble a reconnu ce résultat. Il a réuni dans ce livre les traits communs à toutes les religions qu'il a pu étudier. Ce livre est devenu un manuel scolaire au Kenya. C'est dire que la plupart des peuples africains partagent entre eux un grand nombre de concepts religieux. Nous sommes donc bien en droit de parler de religions africaines.

Dans le sillage de John Mbiti, Kwame Bediako encourage les travaux de recherche hautement académiques sur ces religions qu'il appelle anciennes, afin de connaître et vivre pleinement la nouvelle religion qu'est le christianisme. Bien d'autres théologiens suivent leurs traces et recommandent la réinterprétation des religions préchrétiennes par les Africains chrétiens.

1. Religion et culture

Des penseurs, notamment théologiens s'accordent à dire que la religion est au cœur de la culture. Elle lui donne les valeurs qui régulent la vie ; elle traite de l'existence, de l'homme et de Dieu. C'est dire qu'il n'y a pas de culture indépendante de la religion. L'histoire du christianisme le prouve bien. Nous savons que la culture occidentale repose en grande partie sur des valeurs chrétiennes. L'Europe actuelle se veut laïque, mais elle ne peut pas renier ses racines chrétiennes.

Ce chapitre se propose de donner quelques éléments des religions africaines sans prétendre faire un travail exhaustif[80].

---

[79] J. S. MBITI, *Introduction to African Religion*, Nairobi, Kampala, East African Educational Publishers, 1991 (2ᵉ ed).

[80] Nous recommandons la lecture de la thèse de Barnabé ASSOHOTO, le tome II est consacré aux

2. La vision du monde

L'expression « vision du monde » fait partie des termes difficiles à définir surtout en théologie[81]. Nous tentons toutefois de l'expliquer aussi simplement que possible : la vision du monde d'un environnement donné nous dit comment l'homme perçoit le monde autour de lui, quel rapport il établit entre les éléments qui constituent ce monde, à quelles valeurs particulières il s'attache. Nous prenons quelques exemples pour expliquer davantage le concept de vision du monde.

Dans la plupart des cultures africaines, la réalité est par essence une et indivisible. Il n'y a donc pas de dichotomie entre le sacré et le profane, entre le corps et l'âme, entre le dimanche consacré à Dieu et les jours de la semaine comme propriété de l'homme, entre la vie privée et la vie publique. En termes théologiques, selon cette vision du monde, la foi est englobante. Elle concerne tout et s'implique à tout, puisque tout est religieux ou spirituel. En Europe par contre, ce serait une maladresse fâcheuse de confondre le religieux avec l'intellectuel, ou la vie privée avec la vie publique. C'est que cette dichotomie est une invention des Temps modernes.

Cette vue africaine de la réalité comme une et indivisible implique entre autres la solidarité presque ontologique de l'homme avec la nature. Des relations dynamiques et vivantes se tissent et se développent entre l'homme et les éléments de la nature tels que la forêt, la montagne, le fleuve ou le lac. Les cérémonies des religions africaines qui se font au milieu de la nature démontrent cette solidarité ontologique. Le respect que l'homme a pour les éléments de la nature est presque religieux.

Enfin, cette vision du monde met l'homme au centre d'un réseau de relations entre tout ce qui existe : les éléments de la nature, les autres êtres vivants, visibles et invisibles. Il se sent à la fois tiraillé par les éléments qui constituent ce réseau et responsable à leur égard. Une anthropologie africaine peut se dégager de cette vision.

Religions Traditionnelles Africaines (RTA).

[81] « Vision du monde » est la traduction du terme anglais *worldview* né dans le langage de la missiologie. Nous sommes ici en face d'une double difficulté : la traduction du terme et sa définition. En attendant de trouver mieux, nous utilisons le terme « vision du monde ».

3. Structure existentielle

La structure existentielle définit d'une part le rapport de l'homme avec Dieu, et d'autre part sa relation avec son prochain. Deux axes se croisent à travers l'être de l'homme : l'axe vertical qui va vers Dieu et l'axe horizontal qui traverse la communauté des vivants.

a) L'axe vertical

Dans la plupart des religions africaines, Dieu est tellement éloigné des hommes qu'il faut des intermédiaires. Une hiérarchie entre Dieu et l'homme s'établit comme suit :

- **Le Dieu Créateur est au sommet de cette hiérarchie : Les religions africaines sont dans leur essence monothéistes car l'Africain croit au Dieu Créateur, unique[82]. Le nom de ce Dieu varie d'une ethnie à une autre. À Madagascar il s'appelle Zanahary-le Créateur, Celui qui est au-dessus de tout. Les Malgaches ne peuvent imaginer un être qui lui serait supérieur ou plus puissant, plus juste que lui. Au Congo, il porte dans certaines ethnies le nom de Zambé, en Côte d'Ivoire chez les Baoulé, il est appelé Gnamien. Ces noms évoquent le caractère unique et la supériorité de Dieu.**

- **Les esprits ou les divinités sont les êtres les plus proches de Dieu. Ils sont de ce fait plus accessibles aux humains qui leur adressent des prières et leur offrent des sacrifices.**

- **Les ancêtres sont aussi des intermédiaires, et ils sont plus proches des vivants que les esprits. Ils les côtoient. Ils assurent le bien-être des vivants mais ils sont aussi chargés de les punir en cas de manquement ou de désobéissance. Dans certaines cultures, les prières leur sont adressées plutôt qu'à Dieu le Créateur[83].**

- **Les anciens viennent après les ancêtres selon la hiérarchie dans l'axe vertical. Ils ont le respect des hommes parce qu'ils sont les plus proches des ancêtres. Ils peuvent communiquer avec ces derniers. Ils jouent parfois le rôle de porte-parole en faveur de la communauté.**

---

[82] Certains théologiens parlent de monothéisme diffus.

[83] Dans certaines localités de la Grande Ile, les Malgaches non-chrétiens adressent leurs prières à « Dieu et les ancêtres ». La vénération des morts est encore bien vivante dans certaines parties de l'Ile.

b) L'axe horizontal

L'axe horizontal constitue la communauté des vivants. Le cercle de la communauté des vivants s'élargit progressivement. Au centre, il y a la maisonnée ou la famille nucléaire, ensuite viennent la famille élargie, le clan et enfin l'ethnie. La maisonnée est constituée du père, de la mère et des enfants qui vivent sous l'autorité du père, vivant sous le même toit. Tous les enfants d'une même maisonnée ne sont pas nécessairement de même père et de même mère. Mais ils forment avec les parents une vraie famille nucléaire[84]. Au niveau du clan et de l'ethnie, tous sont frères et sœurs. Ils ont tous les mêmes « pères » et les mêmes oncles. C'est dire que les relations entre les membres d'une ethnie peuvent être solides.

Il faut reconnaître le caractère schématique de cette présentation, faute de mieux. Or tout schéma est réducteur. Notre désir n'est pas de faire une présentation complète des religions africaines mais plutôt d'en donner un aperçu général. Notons tout de même que des idées fortes émergent de ce schéma. Un lien plus ou moins fort existe entre Dieu et les hommes grâce à la médiation des esprits et des ancêtres. Les hommes reçoivent tout de Dieu par leur intermédiaire. Nous pouvons bien imaginer que la rupture de ce lien vertical cause des dégâts importants au préjudice des hommes. Ceux-ci ont donc intérêt à l'entretenir autant que possible. Ce schéma montre également les liens ontologiques (ou de sang) qui existent entre les vivants d'une même communauté et les rendent solidaires.

c) Flux vital

Plusieurs spécialistes tentent d'expliquer non sans difficulté la notion de flux vital dans les religions africaines. Tout comme pour le concept de vision du monde, aucune définition ne donne satisfaction car cette notion n'entre pas dans les catégories de pensée de la langue française. Certains théologiens africains utilisent les termes « énergie vitale » ou « force vitale ». Il s'agit d'un patrimoine qui se transmet de père en fils et qui joue un rôle vital dans l'entretien des liens aussi bien verticaux qu'horizontaux. Ce flux rend dynamiques les relations entre les êtres, il vivifie et développe ces relations. D'aucuns se demandent si ce patrimoine n'est pas biologique

---

[84] Nous faisons remarquer que les termes « cousins » ou « demi-frères » n'existent pas dans la plupart des langues africaines. C'est pour dire que tous sont frères, pourvu qu'il y ait un lien de sang.

(comme le patrimoine génétique) ou spirituel par nature, ou s'il ne se transmet pas par voie séminale. La question reste ouverte. Il y a toutefois une certitude : en transmettant le flux vital, le père transmet à son fils une partie de lui-même.

d) Les implications théologiques de la structure existentielle

– La communauté est perçue comme un réseau de relations incluant les ancêtres. Birago Diop dira alors que les morts ne sont pas morts. La vision du monde africaine donne un sens fort à la communauté. Les individus se définissent par rapport à la communauté. Ils ne peuvent vivre pleinement sans elle. Chacun lui doit tout. Ainsi l'individualisme est considéré comme une attitude contre-nature, voire scandaleuse dans les cultures africaines.

– La rupture des liens, qu'ils soient verticaux ou horizontaux, peut donner lieu à un malheur, ou au moins à une remise en question de soi. Cette rupture peut avoir comme conséquence une maladie ou même la mort. Dans ce sens, aucune maladie n'est purement biologique et aucune mort n'est naturelle, exception faite à la mort des vieilles personnes dont il faut plutôt se réjouir.

– Les bénédictions résultent souvent de l'entretien juste et loyal des relations avec les ancêtres et Dieu, ou de l'entretien de la force vitale. Sur la liste des bénédictions, notons tout spécialement la longévité, la fécondité, la prospérité et la santé.

Chapitre 8

Pour une théologie chrétienne en Afrique

Élaborer et développer une théologie chrétienne en Afrique sur de nouvelles bases est une tâche extrêmement difficile mais noble. Car la théologie a comme but d'aider l'église à mieux remplir son mandat d'évangélisation et de participation à la construction d'une société qui soit plus humaine en Afrique, société dans laquelle il est agréable de vivre.

I. Attitude

Trois attitudes à l'égard de la théologie se dégagent nettement aujourd'hui dans le christianisme africain : l'indifférence, la réticence et le rejet.

a) L'indifférence

De nombreux chrétiens se contentent de la culture protestante et de ce fait ne saisissent aucunement l'importance de la théologie. Celle-ci étant définie comme un effort de réflexion que le peuple chrétien doit mener en vue de continuer à mieux connaître Dieu et de communiquer la vérité de Dieu avec toujours plus de pertinence. Ces chrétiens sont heureux d'être protestants et fiers de l'héritage culturel qu'ils ont reçu de leurs pères spirituels. Ils aiment à exhiber, pour ainsi dire, les signes distinctifs de leurs dénominations. Ils connaissent de moins en moins le protestantisme sous l'angle doctrinal et encore moins sous l'angle théologique.

b) La réticence

D'autres affichent une attitude réticente, jugeant que la théologie est trop théorique. Selon eux, elle pose des questions que les chrétiens ne se posent pas. Ces chrétiens ne voient donc pas l'utilité de la théologie à la vie de l'église. Nous savons que les églises réticentes à l'égard de la théologie préfèrent des pasteurs immédiatement efficaces, des serviteurs « pratiques » aux pasteurs théologiens qui parlent, selon eux, un langage trop conceptuel très peu accessible aux chrétiens. Les chrétiens de cette catégorie préfèrent de loin la missiologie qu'ils considèrent comme l'art de produire des missionnaires ou la science qui vise la pratique missionnaire.

c) Le rejet

Les néo-pentecôtistes rejettent catégoriquement la théologie. Ils la considèrent parfois comme un instrument du diable parce qu'elle a Dieu pour objet. Comment peut-on, se demandent-ils, accepter que Dieu soit l'objet d'étude ? Perçue comme trop intellectuelle, la théologie est anti-spirituelle à leur avis. Elle sèmerait le doute dans l'esprit des chrétiens. D'ailleurs, les néo-pentecôtistes ne voient pas pourquoi la vocation pastorale doit être liée à la formation théologique. Ils ont la conviction que Dieu peut former ses serviteurs sans passer par les hommes ou les institutions comme les instituts bibliques ou les facultés de théologie[85].

Ces trois attitudes vis-à-vis de la théologie cadrent bien avec l'esprit post-moderne caractérisé essentiellement par le refus de la réflexion et la démission de la raison. La crise de pensée doit être à la base de ces attitudes. Certes, cette crise n'est pas propre à l'Afrique mais elle y est très prononcée. Elle affecte la vie de l'Église et même des institutions théologiques. Mais peut-on se passer de la théologie ? Ne pas faire de la théologie n'est-il pas déjà une théologie, une mauvaise ?

La crise de pensée conduit inévitablement à la crise éthique. Car l'éthique comme l'art de vivre pleinement l'Évangile dans la société et selon les valeurs chrétiennes, présuppose la foi, or la foi exige la réflexion. En effet, elle a comme contenu l'ensemble des vérités qu'il faut

---

[85] Nous constatons toutefois une évolution bien positive dans ce milieu en terme de formation. Tout en rejetant la théologie, les chrétiens de ce milieu organisent des séminaires de formation à l'intention des responsables et des membres. Il est aussi à noter que de plus en plus de jeunes pasteurs cherchent à s'inscrire dans les facultés de théologie.

intellectuellement comprendre. Force est de constater que les chrétiens ont des difficultés à traduire en acte la foi et à exprimer par une éthique conséquente, dans le banal et le quotidien, leur adhésion à Christ. Nous ne nous étonnons donc pas que l'impact des chrétiens sur la vie de la société soit peu visible. Ils n'arrivent pas à articuler la foi avec les valeurs que l'Évangile produit parce qu'ils ne sont pas ou ils ne sont plus dans la culture de la réflexion.

2. Une herméneutique

L'herméneutique se définit comme l'art de lire un texte biblique ou l'ensemble de l'Écriture dans la culture d'origine pour la culture d'accueil. La foi comme ensemble de vérités est l'objet de la théologie et plus particulièrement de l'herméneutique. Cette foi est exprimée et vécue dans la culture d'origine laquelle était sémitique, grecque ou gréco-romaine. C'était la culture des premiers destinataires des livres bibliques. L'herméneutique a pour tâche de traduire la foi, l'expliciter et l'exprimer dans la culture d'accueil qui, elle, est africaine. Certes, la foi ne change pas de contenu car il n'y aura pas de nouvelles doctrines. Elle ne varie ni dans le temps ni dans l'espace. Mais sa formulation varie.

La démarche herméneutique requiert deux étapes : l'exégèse et l'herméneutique proprement dite.

a) L'exégèse

Elle a comme tâche d'établir le sens du texte, de comprendre et de faire comprendre ce que l'auteur biblique a réellement dit aux destinataires de son livre ou de sa lettre. Elle cherche à comprendre son intention ou le but qu'il s'est fixé en écrivant. L'exégèse exige par conséquent une bonne connaissance de la langue dans laquelle le texte original est écrit, le grec ou l'hébreu, mais aussi une connaissance suffisante de l'environnement culturel, politique, historique et surtout littéraire dans lequel l'auteur biblique a écrit.

Nous évoquons ici l'une des plus grandes difficultés que l'exégète africain éprouve. Celui-ci doit établir le sens du texte grec par l'intermédiaire du français alors qu'il pense ou réfléchit dans sa langue maternelle. Deux problèmes de taille apparaissent alors. Le premier concerne des concepts hébreux ou grecs dont le sens échappe en français parce que l'équivalent n'existe pas dans la langue de Voltaire. L'exemple du terme grec *paraclëtos* que Jean utilise dans les chapitres 14 et 16 de son évangile illustre bien la difficulté que les traducteurs et les exégètes éprouvent. Ce terme est traduit en français par consolateur, avocat, assistant ou soutien. Aucun terme français ne donne un équivalent satisfaisant. Le deuxième problème pour l'Africain est que le produit de l'exégèse faite en français sera français ! Alors, tant que le théologien africain fera l'exégèse dans la langue française, il ne pourra saisir toute la pensée de Dieu dans sa culture, à moins qu'il n'adopte la langue de Voltaire comme langue maternelle et qu'il ne fasse sienne la culture française. Mais en tant que théologien africain, il a pour tâche essentielle de prêcher la Bonne Nouvelle en premier lieu à son peuple et ensuite à toute créature.

b) L'herméneutique

Le problème est encore plus compliqué quand nous passons à l'étape de l'herméneutique. Il faut rappeler que la tâche du théologien est de communiquer fidèlement le message de Dieu aux hommes. Cette communication se fait par la voie de l'herméneutique. Or, l'herméneutique est dictée par la théologie, et la théologie est conditionnée par l'herméneutique. C'est dire qu'il n'y a pas d'herméneutique parfaitement objective ni de théologie entièrement scientifique. Les théologiens admettent le rôle des *a priori* ou des présupposés théologiques pour résoudre ce problème[86]. Les exemples qui suivent aident à comprendre l'interdépendance entre la théologie et l'herméneutique :

– **La théologie de la reconstruction a opté pour l'herméneutique de l'Exode. Elle compare le peuple de Dieu en Afrique aux Hébreux qui, après avoir fait la traversée du désert pendant quarante ans, entrent dans la terre promise et s'appliquent à la « construire ».**

– **La théologie féministe cherche une alternative à la lecture « patriarcale » de la Bible.**

– **La théologie de la libération recommande la lecture de l'Écriture en fonction de la pauvreté socio-économique et anthropologique de l'homme africain.**

---

[86] Les *a priori* sont des vérités que l'on ne démontre pas. Ils servent de point de départ à toute réflexion théologique.

- **La théologie de la libération de l'Amérique latine est connue pour sa lecture marxiste de l'Écriture.**
- **La théologie noire fait entendre la voix de Dieu à travers le cri du peuple opprimé.**

Les Réformateurs et la plupart des évangéliques après eux proposent de lire le texte biblique dans son contexte, tel qu'il leur est parvenu dans sa forme comme dans son contenu, et le faire comprendre dans le leur.

3. Une théologie de l'écoute

« Les oreilles poussent avant les cornes ». On attribue cette belle vérité au grand théologien kényan John Mbiti. Il entend par-là que l'écoute attentive apparaît comme le point de départ de l'entreprise théologique. Or, la tendance en théologie est souvent d'attaquer, au lieu d'écouter.

Il y a avant tout l'écoute de l'Écriture pour saisir l'objet de la théologie. L'exégèse et l'herméneutique y aident comme cela a été expliqué plus haut. Mais l'écoute de l'Écriture est surtout un acte de foi. Elle repose sur la communion personnelle avec Dieu et sur la crainte de Dieu. C'est dire que la lecture est réflexive dans la mesure où elle engage l'intelligence puisque Dieu est raisonnable. Elle fait appel à la raison pour comprendre objectivement les vérités de Dieu. Elle est également contemplative dans le sens où le lecteur se laisse émerveiller par la beauté du texte et pénétrer par sa puissance. Les protestants ont toujours négligé la dimension contemplative de la foi. Les deux approches, réflexive et contemplative, ne s'opposent pas pour autant l'une à l'autre, elles se complètent plutôt.

L'écoute des réalités africaines est aussi une exigence. Trois voies complémentaires y conduisent :

- **Le concours des sciences humaines qui renseignent sur les aires culturelles africaines. Il faut cependant garder une bonne distance vis-à-vis de ces sciences, étant donné que les informations qu'elles livrent ne sont ni universelles ni définitives bien qu'elles soient précieuses.**

- **L'apport de la société elle-même : La culture d'oralité permet d'avoir accès à des informations non écrites mais non moins fiables. Les enquêtes, les entretiens et les dialogues avec les anciens et les gens**

du terroir donnent accès à des informations de première main.

– La contribution de la communauté chrétienne, ou de l'église locale : Le théologien y puise d'énormes et précieuses matières premières pour la théologie. Il doit cependant éviter de faire de l'église un lieu d'expérimentation théologique. Le théologien y vit non comme un spécialiste mais comme un simple chrétien qui s'abreuve de la source d'eau vive dans la communauté. Il y est spirituellement nourri comme tous les autres chrétiens.

Il y a enfin l'écoute des préoccupations de l'homme africain. Ces préoccupations font partie des réalités africaines. Dans un certain sens, elles font écho à ces réalités. Elles se révèlent à travers les prières et les témoignages des chrétiens dans l'église locale. Certaines de ces préoccupations sont d'ordre spirituel, comme la peur des esprits chez de nombreux Africains, d'autres sont d'ordre social comme les stigmates laissés par la guerre, ou la ségrégation raciale, ou d'ordre anthropologique comme la crise d'identité.

Dans l'élaboration de la théologie chrétienne en Afrique, trois pôles se constituent : le pôle des données bibliques, le pôle des réalités africaines et le pôle des préoccupations. Il y a donc des mouvements permanents entre ces trois pôles. Il faut cependant souligner clairement que ces trois pôles n'ont pas d'égale valeur. Les pôles des réalités et des préoccupations doivent servir le pôle des données bibliques.

Entre les données bibliques et les réalités africaines, le théologien vise à l'inculturation, ou l'enracinement. Entre les préoccupations et les données bibliques, il vise à la pertinence, dans le sens où l'Écriture répond aux vrais besoins de l'homme. Et entre les réalités africaines et les préoccupations, il discerne la corrélation parce que ces réalités sécrètent des préoccupations. L'écoute est donc une exigence dans l'entreprise théologique.

4. Une théologie de participation

Nous constatons, non sans regret, que les théologiens s'isolent dans les institutions. Ils organisent des séminaires et colloques à l'abri des communautés de base. Il en résulte que le fruit de leurs travaux n'a point d'impact sur le peuple de Dieu. L'exemple du moratoire décidé par la

CETA en 1974 illustre bien ce triste constat. En effet, le moratoire qui consistait à suspendre l'envoi massif des missionnaires et des fonds en Afrique n'a pas été respecté pour la simple raison que les chrétiens à la base n'avaient été associés ni à la réflexion ni à la décision. Il n'y avait pas non plus de la part des responsables la volonté d'expliquer cette décision aux différentes communautés.

La participation de l'église locale à l'entreprise théologique nécessite une nouvelle ecclésiologie. La démarche consiste à partir de l'idée selon laquelle l'église locale représente localement l'Église universelle. Dans ce sens, elle est réellement l'Église de Dieu. Elle s'approprie les promesses que le Seigneur adresse à son Église. Elle porte en elle les quatre notes de l'Église, à savoir l'unité, la sainteté, l'universalité et l'apostolicité, comme les Pères de l'Église l'ont dit. Elle remplit dans la localité où elle se trouve le mandat que Jésus-Christ a confié aux disciples et à l'Église, celui de faire de toutes les nations des disciples et de participer à la gestion de la création (Mt 28.19 et Gn 1.27). Elle est le signe de la présence de Dieu dans cette localité et dans le monde. Le théologien doit donc réviser l'ecclésiologie classique qui a créé une dualité entre l'église visible et l'église invisible, entre l'imperfection de l'église locale et la perfection de l'Église universelle.

a) L'église locale comme cadre de réflexion et de pratique de la foi

L'église qui ne réfléchit pas est une église qui se meurt. Cette vérité mérite d'être annoncée partout. L'église est non seulement capable de réfléchir théologiquement mais aussi apte à produire des idées sur la foi surtout avec l'aide et l'encouragement des théologiens. « Réfléchir théologiquement » signifie dire Dieu d'une manière cohérente et à la lumière de l'Écriture. Les études bibliques, le sermon, la liturgie, mais aussi les séminaires et les retraites qu'elle organise sont des occasions de réflexion et de production d'idées théologiques.

Mais la réflexion n'est pas un but en soi. Elle doit conduire à la pratique de la foi dans l'église et dans la société, sachant que la pratique de la foi inclut entre autre le culte, la communion fraternelle et la vie chrétienne. C'est dans l'église locale que les chrétiens apprennent à articuler la doctrine avec l'éthique et à développer la réflexion qui conduit à l'action. C'est aussi dans l'église qu'ils s'exercent à penser leur foi afin d'agir pour la gloire de Dieu.

b) L'église locale comme source de matières premières

Les prières, les sermons et les chants écrits par des autochtones sont des richesses énormes et précieuses pour les théologiens. Ils leur apprennent comment le chrétien vit sa foi, comment il exprime les vérités bibliques. Il y fait aussi part de ses besoins.

Le théologien considère le culte comme une occasion privilégiée de louer Dieu et de le servir dans l'assemblée des croyants. Mais le culte offre aussi une occasion d'écouter le peuple de Dieu, d'apprendre de lui et de le former. Les chrétiens viennent au culte au moins pour deux raisons :

– **Louer Dieu, dire qui il est et ce qu'il est. Comment alors les chrétiens le pourront-t-il s'ils ne connaissent pas le contenu de la foi ? D'où l'importance vitale de la théologie dans la vie de l'église.**

– **Présenter leurs besoins à Dieu en est la deuxième raison. Comment l'église pourra-t-elle répondre valablement à leurs besoins si elle ne les écoute pas ?**

5. Les thèmes majeurs

Dans le chapitre 2, nous avons défini la théologie comme le dire de l'homme sur le déjà-dit de Dieu. Le « déjà-dit de Dieu » a comme contenu les données bibliques ou les vérités bibliques. Le « dire de l'homme » se charge d'articuler ces données dans un langage intelligible au peuple de Dieu. La rencontre entre les données bibliques et les réalités africaines fait surgir des thèmes majeurs bibliques. Trois semblent plus prioritaires : la foi, la révélation et la mission. Certes, il y a davantage de vérités bibliques à expliciter. Mais ces trois thèmes majeurs devraient être traités en premier lieu parce qu'ils sont d'une importance vitale dans la culture africaine et qu'ils peuvent aider à traiter les autres thèmes comme la chute, la croix, la rédemption, la résurrection, et le retour de Jésus-Christ.

a) La foi

La question est de savoir comment les chrétiens africains

comprennent ce qu'est la foi, quel contenu ils en donnent. Une fois, un Européen a posé la question suivante à un Africain : « Êtes-vous évangélique ? » Ce dernier lui a répondu : « Oui, j'aime le Seigneur ». Nous avons dans cet exemple deux conceptions de la foi, la conception du Nord et la conception africaine : la foi comme un ensemble de vérités qui distinguent les évangéliques des autres, et la foi comme relation vivante avec Dieu. Il y a davantage de conceptions telles que la foi qui opère des miracles ou la foi dont seule l'église est détentrice. Depuis une dizaine d'années, nous assistons au développement combien fulgurant des mouvements néo-pentecôtistes qui prêchent la foi capable de déplacer une montagne, ou plus précisément capable de transformer la situation socio-économique d'un individu du jour au lendemain. Cette conception soulève deux problèmes sérieux. D'une part, elle fait de la foi une œuvre humaine, le salut serait alors mérité parce qu'il dépend de la foi de la personne. D'autre part, elle fait développer chez certains l'obsession des miracles. La tendance est alors de donner des ordres à Dieu, ou même de le domestiquer. Le thème majeur de la foi mérite donc un travail théologique sérieux.

b) La révélation

La théologie calviniste de la révélation a donné satisfaction à plus d'un titre. Selon Jean Calvin, la révélation générale s'adresse à tous les hommes. Elle ne permet pas de connaître Dieu tel qu'il est en tant que Père et en tant que Sauveur mais elle est suffisante pour condamner les hommes parce que tous ont péché. La révélation spéciale quant à elle, fait connaître Dieu le Père qui a envoyé son Fils Jésus-Christ pour le salut de celui qui croit. Elle est verbale et a été mise par écrit par les prophètes et les apôtres. Dans le contexte africain, une question de taille se pose : les religions traditionnelles font-elles partie de la révélation générale ? Des théologiens considèrent ces religions comme tâtonnement de l'homme, comme effort désespéré d'atteindre Dieu, ou comme révolte contre le seul vrai Dieu. L'existence de ces religions, disent certains, prouve l'existence de la vraie religion, celle qui révèle Dieu par Jésus-Christ. Certains théologiens africains, au contraire, pensent que les religions traditionnelles africaines préparent à l'accueil de l'Évangile. Ils voient une continuité entre ces religions et le christianisme.

En outre, dans la culture africaine, se posent les questions sur la vision, les songes, les prophéties et les signes divers comme faisant partie de la révélation. Dans la vie quotidienne, le phénomène s'avère inquiétant car les prophètes ont parfois plus d'autorité que l'Écriture, le pasteur apparaît comme un « marabout » qui a réponse à tout, et l'église comme une pharmacie religieuse qui donne des remèdes efficaces aux souffrances. Les théologiens doivent comprendre dans le contexte religieux africain le statut que l'Écriture donne à ces révélations, quelle est leur contribution à l'édification du chrétien.

La théologie doit donc tenir compte de ce phénomène et définir son statut et son rôle. Ce travail semble extrêmement important et urgent.

c) La mission

Le terme « mission » n'existe pas dans la Bible[87]. C'est peut-être l'une des raisons pour lesquelles la mission ne figure pas comme thème fondamental dans la théologie classique. Elle est plutôt considérée comme une action. En effet, la mission n'a pas été traitée comme une question théologique bien que les théologiens ne cessent de dire que l'église doit être missionnaire.

Le deuxième problème concerne le but de la mission. Il varie considérablement dans le temps. Au XIXe siècle, la mission consistait à implanter de nouvelles églises dans le monde entier. Aujourd'hui, la mission a pour but d'assister les églises africaines, sur le plan financier ou dans le domaine technique. Parfois elle s'occupe des œuvres charitables ou humanitaires. Faut-il comprendre par cela que l'œuvre d'évangélisation est achevée, que toutes les régions du monde sont saturées d'églises ou que l'Évangile comme puissance Dieu pour ceux qui croient est devenu obsolète ? Il faudra que l'Église en Afrique réponde à ces questions. Mais elle ne le pourra sans une théologie missionnaire claire.

La théologie doit parvenir non seulement à engager l'église à l'œuvre missionnaire mais aussi à faire des chrétiens des missionnaires potentiels, c'est-à-dire des hommes et des femmes qui élargissent les tentes du Royaume jusqu'aux extrémités de la terre et qui contribuent à l'édification d'une société pour qu'elle devienne plus humaine.

---

[87] Le terme « mission » faisait partie du langage militaire au temps de l'empire Romain. Les Jésuites l'ont emprunté pour désigner l'œuvre de l'extension de l'Église jusqu'aux extrémités de la terre. En fait, les Jésuites sont les premiers missionnaires des Temps modernes.

À côté des thèmes majeurs bibliques émergent des thèmes majeurs sécrétés par la culture. La théologie aura alors comme tâche d'articuler les thèmes majeurs bibliques avec les thèmes majeurs culturels. Elle ne doit pas pour autant ignorer le risque de reléguer au second plan les thèmes bibliques en faveur des thèmes culturels. Elle manquerait dans ce cas à son rôle de rendre intelligible les vérités de Dieu. Elle doit traiter ces thèmes culturels à la lumière de l'Écriture et surtout à la lumière des thèmes majeurs bibliques, toujours dans le but de rendre intelligible le message divin.

d) La guérison

Dans la plupart des cultures africaines, et selon la structure existentielle présentée dans le chapitre 7, la maladie résulte d'une rupture de relations avec Dieu, avec les hommes ou avec la nature. C'est dire que la maladie a une dimension spirituelle quelle que soit sa nature. La guérison consiste alors à réparer les relations endommagées.

Le thème de la guérison doit être théologiquement traité parce que l'Écriture le traite suffisamment mais aussi parce que la maladie est une grande préoccupation de l'homme africain. Nos églises sont peut-être remplies de malades, de personnes qui portent dans leur âme des blessures profondes ou qui sont spirituellement liées mais pour qu'elles soient aptes à répondre aux besoins de ces malades, il leur faut une théologie appropriée. Il ne s'agit pas d'une théologie pastorale qui cherche à répondre à la question de comment guérir les malades, mais d'une ecclésiologie qui traite de la nature et du mandat de l'église dans le contexte africain. Ainsi réfléchira-t-elle sur le contenu de ce mandat, la restauration et la réalisation de l'homme par l'Évangile.

e) La pauvreté

La pauvreté économique caractérise malheureusement l'Afrique et explique en partie les guerres civiles, les coups d'État qui se succèdent et les immigrations clandestines vers le Nord. Mais il faut se demander si la pauvreté anthropologique n'est pas à la base de la pauvreté économique. Avons-nous jamais traité le problème de la pauvreté sous l'angle théologique ? Avons-nous compris ce qu'est l'homme selon Dieu, ou quelle est la pensée de Dieu sur l'homme ? Avons-nous cherché à dire cette pensée dans la culture ?

La théologie classique n'a pas suffisamment traité ce sujet. Tributaire de la vision occidentale du monde, elle s'occupait exclusivement du spirituel, étant donné qu'il n'y avait pas de rapport entre le spirituel et l'économique selon cette vision. Cette théologie n'a pas non plus réfléchi sur l'homme comme créature douée de créativité, c'est-à-dire capable de se prendre en charge. Il faudra donc une théologie qui vise au plein épanouissement de l'homme. Cet épanouissement concerne surtout le mental (ou l'intellect) et le mode de raisonnement de l'homme.

f) La libération

La conscience collective de l'esclavage et de la colonisation peut être source d'aliénation ou un frein à l'épanouissement de l'Africain. Car ces deux faits historiques ou deux séquences comme nous l'avons expliqué au début de cet ouvrage constituent pour certains un blocage et conduit à la théologie de la malédiction ou encore de l'autodénigrement ! Pour d'autres, cette conscience conduit à l'élaboration d'une théologie contextuelle mais très peu biblique. C'est le cas de la théologie noire. Elle est contextuelle parce qu'elle se préoccupait du sort de l'homme noir sous l'*apartheid*, elle n'est pas biblique parce qu'elle ignore les grandes vérités bibliques. Ces différentes initiatives ou non initiatives (par résignation) prouvent que certains ne sont pas encore totalement libérés. Ils ne sont donc capables de faire de grandes choses pour Dieu et pour les hommes.

La libération a souvent une connotation sociale ou politique. Elle touche un aspect de la vie de l'homme, et rarement tout l'homme. L'Écriture, quant à elle, promet la délivrance. Dans le long débat avec les dignitaires juifs qui se disaient n'être esclaves de personne parce qu'ils sont fils d'Abraham, Jésus leur dit : « Si vous demeurez dans ma parole, vous êtes vraiment mes disciples, vous connaîtrez la vérité et la vérité fera de vous des hommes libres » (Jn 8.32). La délivrance concerne l'homme intégral. Elle est spirituelle parce qu'elle réconcilie avec Dieu, elle est aussi psychologique parce qu'elle réconcilie avec soi-même.

Comment l'Évangile apporte-t-il la délivrance ? Comment la théologie éclaire-t-elle le peuple de Dieu dans ce domaine ? Comment passer de la libération à la délivrance ? Autant de questions surgissent de la problématique de la délivrance.

Chapitre 9

La théologie au service de l'Église

La théologie a pour buts, rappelons-le, d'aider l'Église à :

– **remplir son mandat qui consiste à s'approprier les vérités de Dieu pour les communiquer à toute créature avec clarté et autorité ;**

– **dire et formuler le message de l'Évangile, ou encore à découvrir les articulations entre les vérités de l'Évangile, la cohérence entre les idées exprimées et les dire dans un langage que les chrétiens et les non-chrétiens comprennent ; et**

– **articuler la foi avec l'éthique, ou bien encore à traduire en acte les vérités de l'Évangile.**

Ces buts requièrent les tâches suivantes.

I. Penser autrement

Il ne s'agira pas de dire d'autres « vérités » qui seraient africaines, mais de dire les vérités de l'Évangile autrement. Il n'y aura pas de nouvelles doctrines, toute théologie qui se veut chrétienne adhère sans hésitation aux vérités confessées par l'Église universelle depuis qu'elle est née.

Dire les mêmes vérités *autrement* signifie avant tout renoncer au langage dualiste créé par les Temps modernes. Comme nous l'avons dit, ce langage oppose le sacré et le profane, le spirituel et l'intellectuel, et le privé et le public.

Il faudra également abandonner le langage scolastique que certains théologiens protestants ont utilisé. Ce langage repose sur le couple « raison et foi ». Pour certains scolastiques, il faut comprendre avant de croire ; pour d'autres, il faut au contraire croire pour comprendre. Les uns ont recours à la raison pour croire, les autres veulent d'abord croire, c'est-à-dire adhérer à la foi de l'Église avant de chercher à la comprendre. Dans les deux cas, les scolastiques insistent sur la rationalité de la foi, mais aussi sur la capacité intellectuelle de l'homme de saisir la foi. Mais nous craignons que cette intellectualité manque d'enracinement dans le vécu. Il n'y a pas de rapport entre le discours théologique et la vie chrétienne dans le quotidien.

Enfin, il faudra résister au langage dialectique de la néo-orthodoxie protestante que peu d'Africains comprennent dans leur culture. Ce langage cherche à gérer les « contradictions » et les antinomies.

Un autre mode de pensée et un langage approprié s'imposent alors à la théologie si elle veut se mettre au service de l'Église en Afrique aujourd'hui.

2. Réduire la distance qui sépare la théologie officielle de la théologie populaire

Les responsables d'église et notamment les théologiens s'étonnent que la connaissance des vérités de Dieu par l'ensemble des chrétiens soit non seulement insuffisante mais aussi floue. Il y a un grand fossé entre ce que l'Église confesse officiellement et ce que les chrétiens croient. Dans leur spiritualité, ces derniers développent inconsciemment une théologie primaire dont le décalage avec la théologie officielle est fort inquiétant.

Il faudra donc que la théologie apprenne au peuple de Dieu à articuler les vérités de Dieu, par exemple, par le moyen des études bibliques ou des débats et entretiens sur des thèmes précis de la Bible. Ainsi faut-t-il dépasser le stade du catéchisme où l'on apprend aux chrétiens à réciter le Symbole des apôtres ou des versets bibliques sans qu'ils en comprennent le sens.

3. Réduire la distance qui existe entre le théologien et le peuple de Dieu

Beaucoup de chrétiens affichent à l'égard de la théologie, une attitude d'indifférence, de réticence ou de rejet. Le théologien peut bien remédier au malaise dû à ces attitudes en adoptant un langage simple, accessible à tous, et en participant pleinement à la vie de l'église locale comme un simple chrétien. Que l'on dise clairement que la simplicité dans le langage ne s'oppose pas à la profondeur des idées qu'on explore et qu'on produit. Ce sera un bel exercice pour le théologien de dire d'une manière simple ce qui semble compliqué pour le peuple de Dieu. Le théologien qui cherche à impressionner par un langage obscur et une terminologie savante manque à sa mission.

La simplicité concerne également le comportement du théologien. S'il veut bénéficier au maximum de la vie de l'église, il faut qu'il soit comme un membre ordinaire de sa communauté, et qu'il renonce à ses titres académiques et pompeux qui n'apportent rien de spirituel et qui l'isolent du reste de la communauté.

4. Réduire la distance anti-biblique qui s'est créée entre la théologie et la missiologie

Il convient de répéter que la théologie vise l'extension du Royaume à travers l'Église. Elle vise également la croissance de l'Église par la connaissance toujours plus précise et plus approfondie de la Parole que doit acquérir le peuple de Dieu, en vue du partage et de la communication et aussi pour la mission. Par définition et par sa nature, la théologie est fondamentalement missionnaire. Dans cette perspective, le pasteur est missionnaire parce qu'il développe en lui le sens de la mission, il a à cœur la proclamation de l'Évangile au-delà de ses frontières et jusqu'aux extrémités de la terre. L'Église qu'il dirige est imprégnée de vision missionnaire.

D'autre part, il faudra renoncer au plus tôt à l'idée selon laquelle la missiologie est pratique et la théologie conceptuelle. La missiologie qui est avant tout un discours théologique sur la mission ne peut donc être assimilée à la pratique missionnaire.

5. Traiter les thèmes majeurs bibliques en priorité

La foi, la révélation et la mission doivent être traitées comme thèmes majeurs bibliques et prioritaires. Les différentes conceptions de la foi en Afrique partagent un même point commun : la foi en quelque chose plutôt qu'en la personne de Jésus. Même celui qui prétend croire en Jésus, croit d'abord à son pouvoir d'opérer des miracles. La théologie doit donc faire comprendre l'objet de la foi, Jésus-Christ. Il ne s'agit pas de répondre à la question « à quoi doit-on croire ? » mais « en qui doit-on croire ? ».

La théologie de la révélation fait face à différentes conceptions. Elle doit conduire le chrétien à saisir la souveraineté de Dieu dans la révélation, c'est-à-dire le fait que Dieu se fait connaître comme il veut et comme il l'entend. Dieu est l'objet de la révélation.

La mission consiste à proclamer l'Évangile à toutes les nations au Nord et au Sud, grandes et petites. Elle vise l'implantation de nouvelles églises dans toutes les régions du monde, sachant que chaque nouvelle église est un témoignage vivant de l'amour de Dieu pour tous les hommes.

Conclusion

L'histoire nous montre que l'Église a toujours été soutenue par des réflexions théologiques solides depuis les premiers siècles. L'école d'Alexandrie en Egypte, par ses grands théologiens comme Clément et Origène, ont apporté une contribution énorme à ces réflexions. Plus tard, Augustin pour ne citer que lui parmi les théologiens latins de l'Afrique du Nord, a apporté sa pierre à l'élaboration de la théologie. D'aucuns disent qu'il est le père de la théologie systématique.

Dans le nouveau paradigme, au début du XXIe siècle, les théologiens ont-ils les ambitions de Martin Luther et de Jean Calvin ? Ces Réformateurs ont élaboré un discours théologique radicalement nouveau vis-à-vis du discours thomiste. Ils ont inventé de nouveaux concepts qui, à leur époque, véhiculaient d'une manière efficiente toute la Parole de Dieu dans la culture ambiante. Leurs discours ont traversé plusieurs siècles et ont façonné la mentalité de plusieurs générations de chrétiens mais aussi des non-chrétiens.

Que Dieu suscite des Luther et des Calvin africains, capables de transformer l'Afrique par la Parole.

Soli Deo Gloria

Bibliographie

ANDRIA, Solomon, *Église et Mission à l'époque contemporaine*, Yaoundé, CLE, 2007.

————, « Pleurs et gémissements de l'homme », dans Nathanaël OHOUO, sous dir., *Dieu et l'homme*, Yaoundé, CLE, 2007, p. 185-198.

ASSOHOTO, Barnabé, *Le salut en Jésus-Christ dans la théologie africaine*, Cotonou, CART, 2002.

BEE, Michel, « La mission en Basse Côte d'Ivoire entre 1895 et 1930 », vol.1 (Thèse de 3è cycle à la Faculté des Lettres et Sciences Humaines), Sorbonne, Paris, 1970.

BIMWENYI-KWESHI, Oscar, *Discours théologique négro-africain. Problème des fondements*, Paris, Présence Africaine, 1981.

BLOCHER, Henri, *Prolégomènes*, Vaux-sur-Seine, FLTE, 1976.

————, *La Bible au microscope, Exégèse et théologie biblique*, vol. 1, Vaux-sur-Seine, Edifac, 2006.

BOSCH, David, *Dynamique de la mission chrétienne*, Lomé/Paris/Genève, Haho/Karthala/Labor et Fides, 1995.

CHAN-MOUIE, Philippe, « La première évangélisation des Lazaristes : 1648-1674, Peut-on parler d'un échec ? », dans Congrégation de la Mission, sous dir., *Le Christianisme dans le Sud de Madagascar : Mélanges à l'occasion du centenaire de la reprise de l'évangélisation du Sud de Madagascar par la Congrégation de la Mission (Lazaristes), 1896-1996*, Fianarantsoa, Ambozontany, 1996.

CHENU, Bruno, *Théologie chrétienne des Tiers Mondes*, Paris, Karthala, 1987.

CHEZA, Maurice, *Le Synode africain*, Paris, Karthala, 1996.

COLLECTIF, *Des prêtres noirs s'interrogent*, Paris, Les éditions du Cerf, 1956.

————. *Ibadan : Conférence des Églises d'Afrique 1958*, Paris, Société des Missions Évangéliques, 1959.

————. *Colloque sur les religions, Abidjan, 5/12 Avril 1961*, Paris, Présence Africaine,

1962.

CONE, H. James, *Black Theology, Black Power*, Maryknoll, Orbis Books, 1997.

FIEDLER, Klaus, *The Story of Faith Missions*, Oxford, Akropong-Akuapem, Regnum Books International, 1994.

HERSKOVITS, Melville, « La structure des religions africaines », dans *Colloque sur les religions, Abidjan, 5/12 Avril* 1961, Paris, Présence Africaine, 1962.

KÄ MANA, *Églises africaines et théologie de la reconstruction*, Genève, Centre Protestant d'Études, 1994.

————. *Christianismes africains, construire l'espérance*, Cotonou, Bénin, Pentecôte d'Afrique Éditions, 2004.

LAMB, David, *The Africans*, New York, Random House, 1982.

MARSDEN, George M., *Reforming Fundamentalism*, Grand Rapids, Eerdmans Publishing Company, 1987.

MBITI, S. J., *Introduction to African Religion*, 2ᵉ ed., Nairobi, Kampala, East African Educational Publishers, 1991.

Congrégation de la Mission, *Le Christianisme dans le sud de Madagascar : Mélanges à l'occasion du centenaire de la reprise de l'évangélisation du Sud de Madagascar par la Congrégation de la Mission (Lazaristes), 1896-1996*, Fianarantsoa, Ambozontany, 1996.

MOORE, Basil, « Black Theology Revisited », *Bulletin for Contextual Theology* 1 (s.d.), p. 7-19.

NJOROGE, N. J., sous dir., *Talitha cum ! Theologies of African Women*, Pietermaritzburg, Cluster Publications, 2001.

PARRATT, John, *Reinventing Christianity, African Theology Today*, Eerdmans, 1995.

PENOUKOU, Julien, *Églises d'Afrique : Propositions pour l'avenir*, Paris, Karthala, 1984.

SAINT CHERON, Michaël de, *Malraux : La recherche de l'absolu*, Paris, La Martinière, 2004.

SENARCLENS, *Héritiers de la Réformation*, Genève, Labor et Fides, 1959.

TEMPELS, Placide, *La philosophie bantoue*, Paris, Présence Africaine, 1948.

TIENOU, Tite, « La théologie africaine, description du paysage, réaction des évangéliques », conférence donnée au Colloque des Amis de la Théologie à Abidjan en juin 1999 [non publié].

TOSSOU, R. K. A., « Parole de Dieu et Théologie africaine », dans A. NGINDU

Mushete, sous dir., *Parole de Dieu et langage des hommes : La rencontre de Yaoundé*, Kinshasa, AOTA, Septembre 1980.

TSHIBANGU, Tshishiku, « Tâche de la théologie africaine: Questions aux théologiens africains », *Bulletin de la Théologie Africaine* 1, Janvier-Juin 1979.

SCHAAF, Ype, *L'histoire et le rôle de la Bible en Afrique*, Nairobi/ Lomé/Yaoundé/ Lavigny, CETA, HAHO, CLE, Editions des Groupes Missionnaires, 2000.

SHORTER, Aylward, *Théologie chrétienne africaine: Adaptation ou Incarnation?*, Paris, les Éditions du Cerf, 1980.

VIBILA, Vuadi, « Femmes et réflexion théologique vers une pratique ecclésiale émancipatrice (cas du Zaïre) », *Perspektiven des Weltmission* 24, 1997.

WONDMAGEGNEHU, Aymro, sous dir., *The Ethiopian Orthodox Church*, Addis Ababa, Ethiopian Orthodox Mission, 1970.

ZORN, Jean-François, *La missiologie*, Genève, Labor et Fides, 2004.

Livre de référence

ADEYEMO, Tokunboh, sous dir., *Africa Bible Commentary*, Nairobi, *WorldAlive*, 2006.